기억함의
용기

기억함의 용기

나는 수용자 자녀입니다

초판 1쇄 인쇄 2025년 5월 19일
초판 1쇄 발행 2025년 5월 26일

지은이　　　성민 외
발행인　　　강영란
사업총괄　　이진호

발행처　　　샘솟는기쁨
주소　　　　서울시 중구 수표로2길 9 예림빌딩 402 (04554)
대표전화　　02-517-2045
팩스(주문)　02-517-5125
홈페이지　　https://blog.naver.com/feelwithcom
전자우편　　atfeel@hanmail.net

편집　　　　박관용 권지연
일러스트　　다원
디자인　　　트리니티
제작　　　　아이캔
물류　　　　신영북스

© (사)아동복지실천회 세움
979-11-92794-59-4 (03370)

기억함의
용기

나는 수용자 자녀입니다

성민 외 지음

VIVI2

일러두기

- 이 책의 공저자 열 명 성민, 연주, 기복, 지온, 다원, 한아, 다이애나, 동수, 진우, 정서는 필명임을 밝힙니다.
- 이 책은 (사)아동복지실천회 세움의 '인권 인식 개선'을 위한 공동 프로젝트의 일환으로 기획 집필되었습니다.

우리는 함께
울었습니다

　　망망대해 폭풍 속을 항해하는 배처럼, 고난의 시간을 힘겨이 지나
고 있는 수용자 자녀들이 있습니다. 부모의 연약함과 그들이 준 상처
로 인해 가정이 깨어지고, 극심한 고통을 당하면서도 입을 꾹 다물고
그 시간을 버티는 수용자 자녀들. 때로는 가면을 쓰고 아픔과 상처를
스스로 안고 버티는 그들에게 사랑과 격려가 필요합니다.

　　이러한 어려운 소식을 들을 때마다 이들을 위해 기도하고 사랑으
로 섬기며 힘을 더해 주고 싶은 아비의 마음을 가지게 됩니다. 하나님
의 눈과 마음은 늘 연약하고 소외된 자들을 향해 있습니다. 하나님은

오늘도 주님의 손과 발이 되어 그 사랑을 나누어 줄 한 사람을 찾고 기다리십니다.

하나님의 선하신 뜻 가운데 세워진 (사)아동복지실천회 세움을 통해 많은 재소자 자녀들이 회복과 치유를 경험하고 인생의 비전을 발견하는 것은 사역의 큰 열매이자 축복입니다. 세움의 사역을 통해 부모와 가정에서 받은 상처(Scar)가 변하여 별(Star)이 되어 상처 입은 치유자의 사명을 감당하며 또 하나의 열매를 맺어 가는 기적의 스토리가 계속 쓰여지길 소망하며 축복합니다.

한홍 | 새로운교회 담임목사, 한동대학교 겸임교수

2024년 여름, 저자들과 함께한 2박 3일을 기억합니다. 초고를 서로 소리 내어 읽고 다듬으며 뜨거우면서도 담담하게 지난날을 보듬었고, 거울처럼 비친 현재를 조심스레 안아 주었습니다. 그로부터 두 계절이 지나는 동안 쉼 없이 이어진 노력이 마침내 책으로 나오니 가슴이 벅찹니다.

이 책에 담긴 이야기들은 단순한 회고나 고백이 아닙니다. '수용자 자녀'라는 이름표 뒤에 가려졌던 진실한 모습, 상처를 딛고 일어서는 용기, 그리고 새로운 희망을 향한 여정을 담고 있습니다.

열 명의 글에서 가장 인상 깊은 것은 있는 그대로의 솔직함이었습니다. 도망치고 싶은 현실을 끊임없이 마주해야 했던 날들, 혼자 떠맡아야 했던 외로움 속에서 자신을 잃지 않고 소중한 사람을 위해 흔들리지 않으려 애쓴 시간이 고스란히 담겨 있습니다. 각자의 방식으로 상처를 치유하며 나아가는 법을 배웠습니다. 이 글을 읽는 동안 회복과 성장의 힘을 느낄 수 있을 것입니다. 우리 모두에게 삶의 어려움을 극복하고 자신만의 이야기를 써 나갈 치유와 용기를 선물합니다.

이 이야기들을 통해 사회의 편견과 낙인에 도전하며, 수용자 자녀라는 정체성이 그들의 전부가 아님을 보여 줍니다. 이 고백과 성찰이 많은 이들에게 닿아 위로와 공감, 이해와 포용의 마음을 전하며 우리 사회가 한 걸음 더 성숙해지기를 바랍니다. 이 소중한 이야기들이 독자 여러분의 마음에도 진심으로 닿기를 희망합니다. 삶이 버겁게 느껴지는 모든 이들에게 조용히, 그러나 단단하게 이 책을 건네고 싶습니다.

이지선 | 이화여대 사회복지학과 교수, 『지선아 사랑해』 『꽤 괜찮은 해피엔딩』 저자

추천사 부탁을 받고 하루를 아주 작정하고 글 읽는 시간을 가졌다. 책 제목이 미처 결정되지 않은 채 나 혼자 제목을 '우리 함께 울어요!' 이렇게 정하고 싶었다. 열 명의 수용자 자녀들이 각각 상황과 환경이

다르고, 부모의 범죄 사실도 다르고, 그로 인해 겪어 온 시간도 다르지만 부모의 수용 사실로 인하여 어떠한 일들을 겪어야 했는지를 용기 있게 전하고 있어서 너무나 감사한 글이라고 하겠다.

글을 읽으면서 많이 울었다. 아니, 처음 페이지부터 마지막 페이지까지 눈물을 멈출 수 없었다. 한 명 한 명 내 옆에 있었더라면 수감 중인 엄마 아빠를 대신하여 안아 주면서 "고맙다! 기다려 주고 버텨 주어서!"라고 말하고 싶었다.

내가 매일 쓰는 '최고의 날' 묵상은 지금 전국 56개 교정 기관에 들어가고 있다. 그리고 3천 명 가까운 수용자들이 이 묵상을 읽고 있다. 나는 그들을 '담장 안 나의 묵상 식구'라고 부른다. 그들 중 많은 이들이 내게 손 편지를 보낸다. 그 편지들에서 담장 밖 자녀들을 향한 사랑과 그리움이 깊이 읽혀졌다.

이번에 자녀들의 글을 통하여 그들에게 엄마와 아빠의 부재가 무엇을 의미했는지, 그 일이 얼마나 힘들었는지, 그럼에도 그 과정에서 어떻게 자신의 존엄성을 찾고 올바르게 성장했는지를 보게 되어 감사하고 이러한 일의 통로에 '세움'이 있었음이 또한 감사한 일이다.

"농부가 벼 주위의/ 잡초를 뽑는다/ 벼를 키우는 데/ 잡초는 방해가 되는가 보다/ 마치 우리가 사람들에게 방해가/ 된다고 생각하듯이/ 정말 잡초의 잘못이 있는 것일까/ 그저 한 생태계의 일원으로서/ 살아가는 것일 뿐인데…/ 농부의 잘못일까/ 잡초의 잘못일까/ 아니면 생태계의 잘못일까.”

이 시는 성경에서 “날 때부터 맹인 된 사람”을 보시면서 하신 예수님의 말씀이 오버랩되게 해 주었다. 예수님이 이렇게 응답하시는 것 같았다. “제자들이 물어 이르되 랍비여 이 사람이 맹인으로 난 것이 누구의 죄로 인함이니이까 자기니이까 그의 부모니이까 예수께서 대답하시되 이 사람이나 그 부모의 죄로 인한 것이 아니라 그에게서 하나님이 하시는 일을 나타내고자 하심이라”(요 9:2~3)

이 책을 통해 독자들에게 하나님께서 행하여 주실 아름다운 일들을 세움의 모든 사역자들과 함께 기대한다!

임은미 | 목사, 케냐 선교사

이 책은 수용자 자녀라는 이름 아래, 잃어버린 것들과 마주하는 용기 있는 이야기들로 가득 차 있다. 각자의 아픔을 품고 살아가는 이들이 어떻게 그 상처를 직면하고, 그 속에서 자신을 발견해 나가는지를 보여 준다. 그들의 글 속에서 평범한 일상이 얼마나 소중한 것인지, 그리고 행동의 경계는 누가 정하는 것인지에 대한 깊은 질문이 떠올랐다. 실수와 실패를 거듭하며 만들어진 그들의 삶은, 읽는 내내 깊은 울림을 불러일으킨다. "뒤를 돌아보았을 때 보이는 그 흔적은 모두 내가 현재의 나로 성장한 이유"라는 문장은 비단 그들만의 것이 아니었다. 그래서 이 책을 인생의 길 위에서 질문하는 모든 이들에게 추천한다.

이요셉 | 작가

일 년, 기억하며 직면하며

2015년 수용자 자녀가 당당하게 사는 세상을 세우기 위해 세움은 시작되었습니다. 부모의 수감으로 한 아이가 겪어야만 하는 아픔의 시간에 함께하기 위해 걸어온 지난 10년의 시간을 기억해 봅니다.

왜 범죄자의 자녀를 돕느냐는 의문과 비난을 넘어설 수 있었던 것은 지금 바로 제 앞에 아이들이 있기 때문입니다. 푸른 꿈 가득해야 할 청소년기 어느 날 갑작스럽게 부모의 수감 현실을 맞닥뜨린 아이들을 세상의 편견 없이 만나고 싶었습니다. 그 진심이 통했을까요?

중학교 2학년 때 얼굴을 들지도 못하고, 말 한마디도 하지 않던 아이가 있었습니다. 관심 어린 질문에도 대답이 짧았고, 사진을 찍을 때면 얼굴을 최대한 가리려 했습니다. 그럼에도 세움 모임에는 꼬박꼬박 나와 주었습니다. 그렇게 조금씩 얼굴을 들고 밝게 웃는 사람으로 성장했습니다. 시간이 흘러 대학생이 된 아이는 이제 자신의 이야기를 하겠다고, 그 껍질을 벗어 버리겠다고 펜을 들었습니다.

기억이란 무엇일까요? 기억은 현재 속에 과거가 살아 있는지의 여부를 되돌아보는 것입니다. 우리는 자신이 누구인지 알아보고 싶을 때, 무엇이 우리의 인생에서 가장 값진 것인지 찾아보고 싶을 때, 기억을 더듬어 봅니다. 현재 나는 과거의 경험이 쌓인 결과물일지 모릅니다. 기억을 더듬는 것은 현재의 나를 아는 통로가 되겠지만 기억 속에는 기억하고 싶지 않은 것이 더 많아서 용기를 필요로 합니다. 애써 부정하려던 과거의 사건은 외면하고 내가 아니기를 바라며 기억하고 회상하기보다 회피합니다. 직면하지 않고 덮어 두는 편이 더 낫다고 생각합니다. 그러기에 기억하는 것조차 용기가 필요합니다.

마음속 깊은 곳 어딘가에 꽁꽁 숨겨 놓았던 그 사건과 그 시간을 '기억'하고 '직면'하겠다며 지난 1년 동안 열 명의 작가들이 자기 이야기를 풀어내기 시작했습니다. 1년이라는 물리적 시간을 넘어 그들이 지나왔던 과거의 시간들은 셀 수 없는 카이로스의 시간을 건너왔습니다.

서로의 기억을 들어 주고, 읽어 주고, 다듬어 주고, 지지해 주고, 격려해 주었습니다. 혼자가 아니라는 든든함, 서로에 대한 연민과 신뢰와 연대, 따뜻함의 시간들이 어우러져 활자화된 것이 바로 이 책입니다.

부모의 수감이라는 사건을 받아들이지 못해서 아파하는 이 땅의 수많은 수용자 자녀에게 읽혀지길 바랍니다. 범죄로 인해 자녀가 얼마나 아픈 시간을 살게 되었는지를 헤아릴 부모님들에게 읽혀지길 바랍니다. 왜 수용자 자녀를 지원하느냐는 사람들도 이 책을 통해 그 마음을 알게 되길 바랍니다.

용기를 내어 자신의 이야기를 풀어내 준 자랑스런 열 명의 작가, 기억함의 과정을 훌쩍 넘어온 그 작가들은 이후 인생에서 만나게 되는 어떤 어려움도 넉넉히 넘어설 수 있는 힘이 있는 사람들입니다. 성민, 연주, 기복, 지온, 다원, 한아, 다이애나, 동수, 진우, 정서. 열 명의 친구들의 글을 읽으면서 삽화 작업을 해 준 다원 작가에게 깊은 감사를 드립니다. 세움은 그대들이 있어 든든합니다.

이 시간이 있기까지 함께해 준 많은 손길을 기억합니다. 바쁜 한국 방문 일정 중에서 선뜻 아이들의 글을 읽으시며 눈물로 추천사를 써 주신 임은미 선교사님, 오랫동안 교정 사역을 지원해 주시고 세움의 사역을 지지해 주신 새로운교회 한홍 목사님, 사진 동아리 때부터 세움 아이들의 시간을 오롯이 함께해 주고 추천사를 써 주신 이요셉 작가님, 청소년 동아리 모임 때부터 아이들의 성장에 같이 하면서 글쓰기 캠프 때 아이들의 글을 한 자 한 자 마음으로 읽어 주시고 지지해 주신 이지선 교수님. 네 분의 추천사를 통해 열 명의 작가들이 큰 힘을 받았습니다. 출판을 위해 문장 하나하나에 영혼을 담아 진행해 주신 도서출판 샘솟는기쁨에게 감사합니다. 세움의 아이들이 멋진 청년이 될 수 있도록 무한한 신뢰로 지난 10년 동안 믿어 주시고 지지해 준 고려아연과 유중근 이사장님이 계셨기에 열 명의 작가들이 탄생할 수 있었습니다. 감사드립니다. 무엇보다 기억함의 용기를 가지고 글쓰기 작업을 시작할 수 있도록 기도로, 마음으로, 품고 격려해 준 최윤주 국장님이 없었다면 이 작업은 시작되지 못했을 것입니다.

이 책을 통해서 독자들은 '기억의 회상'이라는 거룩한 시간을 건너온 우리 아이들을 마음으로 만나게 될 것입니다. 그리하여 독자들 역시 자신들의 과거를 기억하는 작업을 통해 현재를 거룩하게 살게 되길 희망합니다.

(사)아동복지실천회 세움

대표 이경림

차례

ESSAY 1 │ 첫 단추 │ 성민

가끔 계단을 내려가다

고약한 냄새에

멈칫할 때가 있었다.

습한 반지하 환경에서 생기는 곰팡이 탓이었다. 그 냄새가 싫었다. 반
지하가 가난의 상징이라는 생각이 커질수록 곰팡이 냄새는 더 불쾌하
게 다가왔다.

　네 살 때였을 것이다. 아파트에서 반지하로 이사했다. 반지하 우리
집은 방이 세 개였고 거실에는 나름 큼지막한 소파가 있었다. "우리 집
이 맨 아래 있어서 가장 큰 거야." 엄마의 그 말 때문인지 그때까지만

해도 반지하에 산다는 이유로 가난하다고 생각하지 못했다.

쾌나 활동적이었고 호기심이 많았던 나는 멋있어 보이면 무조건 따라 하고 배우고 싶어 했다. 틈만 나면 학교 운동장에서 친구들과 함께 축구를 하곤 했는데, 언제부터인가 친구들이 하나둘 사라지고 보이지 않았다. 다들 같은 피아노학원에 다니는 것 같았다. 그래서인지 쉬는 시간이면 피아노 이야기로 바빴다. 그 대화에 끼고 싶었지만 피아노에 대해 아는 것이 전혀 없었고, 왠지 위축되었다. 소외감마저 들었다. 이런 감정은 하굣길까지 이어지곤 했다. 답답한 나머지 엄마에게 피아노를 배우게 해 달라고 하자 내게 던진 엄마의 대답이었다.

"피아노? 비싸잖아. 돈 없어…."

당시 초등학교 2학년이었던 나는 엄마의 떨리는 동공과 돈이 없다는 말이 너무 충격적이었다. 그날따라 감정이 복받쳐서 집에 도착하자마자 실내화 가방을 집어 던지고 안방으로 달려갔으나 졸라 댈 틈도 주지 않은 채 불쑥 던진 엄마의 그 한마디는 내게 깊은 상처로 남았다.

부모님은 종종 돈이 없다고 했다. 마트에서 과자를 사 달라는 나의 어리광에도, 친구들은 다 가지고 있던 게임기를 사 달라는 말에도 마찬가지였다. 본능적으로 우리 집이 가난하다는 것을 직감한 나는 더 이상 무언가 배우고 싶다거나 무엇을 갖고 싶다는 말을 하지 않았다.

더 작은 반지하로

초등학교 졸업을 앞두었을 무렵이었다. 담임 선생님이 설문조사지와 가족 인적 사항을 적는 종이를 나눠 주셨는데, 부모의 직업란을 채울 수 없었다. 빈칸 그대로 제출하고 말았다. 언제부터인지 정장과 구두를 신고 회사에 출근하던 아빠의 모습을 볼 수 없었고, 아빠가 무슨 일을 하는지 알지 못했다.

아빠 방의 모니터에는 빨간색 파란색 그래프가 가득했다. 그래프들이 어떤 것을 의미하는지 몰랐다. 아빠에게 물어보면, 매일 해야 하는 일이라고 말할 뿐이었다. 그때부터였던 것 같다. 누군가 아빠의 직업을 물으면 "집에서 컴퓨터로 일하세요"라고 대답하게 되었다. 학교에서도 마찬가지였는데, 프리랜서라거나 회사원이라고 은근슬쩍 거짓말을 하기도 했다. 이런 사소한 거짓말은 아무렇지 않았다.

그러던 어느 날 아빠가 교도소에 수감되었다. 수익성과 위험성이 높은 주식에 투자했던 아빠는 점점 손해가 커지고 형편이 어려워지자 대출을 받았다. 그 대출금으로 다시 주식에 투자하여 실패하는 악순환이 반복되었고, 눈덩이처럼 불어나는 대출 이자를 감당하지 못해 그나마 자가였던 우리 집을 담보로 또 대출을 받았으나 소용없었다. 아빠의 일이란 주식 투자였던 것이다.

처음부터 아빠의 수감 사실을 알았던 건 아니었다. 엄마는 출장 중이라고만 했고 그 이상 아빠의 부재에 대해 말해 주지 않았다. 얼마 지나지 않아 우리 집이 경매로 넘어가고 나서야 아빠가 수감되었다는 것을 알게 되었다.

그날따라 유난히 바람이 불었던가. 학교를 마치고 집 안에 들어서자 텅 비어 있던 광경을 지금도 잊을 수 없다. 이미 할아버지와 할머니는 교회의 도움을 받아 작은 방으로 이사하신 후였고, 집 안의 가구와 살림살이는 대부분 처분해 버린 상황이었다. 엄마는 몹시 지쳐 있는 것 같았다. 배가 고팠지만 밥 달라는 말이 나오지 않았다. 슬그머니 컵라면에 뜨거운 물을 붓고 집 안을 둘러보았다. 소파에서 TV를 보던 할머니 할아버지, 컴퓨터 모니터에 몰두하던 아빠의 모습이 누렇게 바랜 빈 벽에 겹쳐 보였다.

우리 가족은 아빠 없이 반지하에서 더 작은 반지하로 이사해야 했다. 새로 이사한 집은 8평, 출입구부터 심상치 않았다. 시멘트 계단을 내려가 건물 뒤쪽으로 돌아 들어가야 했다. 계단을 내려갈수록 더 습한 반지하 공간은 곰팡이 냄새에 점령당한 듯했다. 대부분의 짐이 이미 처분된 상태라 이사는 수월했지만, 냉장고를 집 안으로 들일 수 없어 난감했다. 하는 수 없이 좁고 낮은 현관문 밖에 자리 잡을 수밖에

계단을 내려갈수록 더 습한 반지하 공간은 곰팡이 냄새에
점령당한 듯했다. 대부분의 짐이 이미 처분된 상태라 이사는
수월했지만, 냉장고를 집 안으로 들일 수 없어 난감했다.

없었다.

가출, 그리고 김치볶음밥

중학생이 되고 새 친구들을 사귀면서 학교생활에 잘 적응하는 듯했지만, 집에 들어가면 현실을 직시했다. 항상 집안일하던 엄마는 아빠의 부재로 인해 밤낮없이 일하며 돈을 벌었다. 이런 상황은 아빠가 출장을 간 것이 아니라 뭔가 잘못되었다는 것을 짐작하게 했고, 이러한 의혹은 얼마 지나지 않아 사실로 밝혀졌다.

이제 막 중학교 1학년생이었던 내겐 쉽게 받아들이기 어려운 상황이었다. 이 모든 불행은 아빠 때문이라고 생각했다. 알 수 없는 감정을 스스로 주체할 수 없을 만큼 혼란스러웠다. 나는 금방이라도 터져 버릴 시한폭탄 같았다.

평소처럼 다 같이 밥상에 둘러앉아 저녁 식사를 하던 중이었다. 동생이 숟가락으로 반찬을 가져다 먹는 행동이 거슬렸다. 그 행동을 바로잡으려다가 나도 모르게 날카롭게 소리 질렀다. 그 순간 형이 나서게 되면서 걷잡을 수 없이 형과의 말다툼으로 번지게 되었고, 감정이 격해진 나는 밥상을 엎어 버렸다. 그 행동은 몸싸움으로 이어졌다. 엎친 데 덮친 격이었다. 급기야 입술이 터지고 긁힌 자국으로 여기저기

온몸이 울긋불긋했다. 형을 이길 방법이 도무지 생각나지 않았던 나는 그대로 집을 뛰쳐나갔다.

형과의 몸싸움이 결국 가출을 결심하게 된 동기가 되었다. 흥분된 감정을 진정시키기 위해 가장 친한 친구를 찾아갔는데, 그 친구의 몇 마디 말이 위로가 되었다. 그 친구도 나와 비슷한 상황을 겪고 있던 터였다. 집안에서 있었던 상황을 이야기하다가 그만 참아 왔던 감정들이 마구 터져 나왔고, 다시는 집에 들어가고 싶지 않았다.

고작 중학생 두 명에게 무슨 돈이 있겠는가. 가출을 한 지 몇 시간 만에 난관에 부딪혔다. 배가 고프고 잘 곳이 없었다. 가출 첫날은 학교 앞 놀이터에서 날밤을 새웠다.

아침이 밝아 오자 어른들은 멀끔한 모습으로 출근하고, 학생들은 교복 차림으로 등교하는 모습이 보였다. 그 모습을 바라보고 있는 내 자신이 부끄러웠다. 더러워진 손과 옷, 기름진 머리. 그러나 부끄러운 감정도 잠깐이었다. 더러운 모습보다 배가 너무 고팠다. 이대로 굶고 있을 수 없다고 생각했고 몇몇 친구에게 연락해 도움을 요청했다.

다행히 한 친구가 부모님이 출근했으니 집으로 오라고 했다. 허겁지겁 따뜻한 밥을 먹을 수 있었고, 무엇보다 씻을 수 있었다. 하지만 다시 친구 집을 벗어나자 막막했다. 가출하면 무엇이든 할 수 있을 것이란 생각과 달리 돈이 없는 중학생은 아무것도 할 수 없었다.

가출이 이렇게 힘든 줄 알았으면 시작하지 않았을 것이다. 고작 하루밤에 지나지 않았지만, 집에 돌아가고 싶은 마음과 집에 가기 두려운 마음이 충돌했다. 어제처럼 놀이터에서 보낼 수 없겠다고 생각한 우리는 다른 방법을 찾기로 했다.

그러다가 우연히 청소년 쉼터가 있다는 것을 알게 되었다. 가출 청소년에게 의식주를 제공해 주는 곳이라고 인터넷에 나와 있었다. 엄마에게 연락할까 걱정했지만 달리 선택지가 없었던 우리는 곧장 그곳으로 향했다.

밤 10시경. 그곳에는 상근하는 선생님 두 분이 앉아 있었다. 1시간 정도 상담하며 3일 동안 지내기로 하고, 이후에는 가출을 멈추고 집에 들어가기로 약속했다. 그곳에는 우리 집에 없는 푹신한 침대가 있고 30만 원이 넘는 게임기가 있었지만, 몹시 피로했던 나는 눕자마자 그대로 잠이 들고 말았다.

사흘이 쏜살같이 지나갔다. 쉼터를 나와야 했던 우리에겐 갈 곳이 없었다. 굳게 약속한 대로 각자 집에 돌아가는 수밖에 없었다. 가출 4일째 되던 날, 집으로 가는 발걸음은 무겁기만 했다.

겨우 집 앞에 도착했으나 들어갈 용기가 나지 않았다. 얼마 동안 머묻거렸을까. 엄마에게 뭐라고 해야 할지, 화를 내진 않을지, 뭐 때문에 나갔다고 말해야 할지 복잡한 생각이 머릿속을 가득 채우고 있었다. 그렇게 10여 분이 지났을까. 결국 녹슨 철문을 열고 느리게 계단을 내려가야 했다. 현관을 열자 바로 엄마가 있었다. 나는 그대로 멈추어 아무 말도 하지 못한 채 굳어 버렸다. 엄마의 표정은 화난 듯 아닌 듯 알 수 없었다.

"밥 먹었니?"

엄마가 물었고, "아니요"라고 대답하자 더 이상 내게 아무것도 묻지 않았다. 엄마는 밥을 차려 주었다. 나의 마음은 더 복잡해졌다. 엄마의 김치볶음밥은 순식간에 완성되었고, 어떤 때보다 맛있었다. 그제야 내 옆에 다가앉은 엄마는 밖에서 무엇을 하고 다녔는지, 왜 집을 나간 건지 물었다. 처음으로 나의 복잡한 속마음을 전할 수 있었고, 4일간 어떻게 지냈는지 차근차근 이야기했다. 현관 앞에서 망설이며 두려워했던 마음은 사라지고 걱정했을 엄마에게 미안하기만 했다.

교도소로 돌아갈 시간

3개월이 흘렀다. 하루가 끝나 갈 때쯤 일곱 살이던 동생을 재우고, 형과 나는 엄마를 기다리고 있었다. 평소와 달리 연락도 없이 엄마가 들어오지 않았다. 왜인지 불길한 예감이 들었다.

　새벽 1시. 크게 전화벨이 울렸다. 잠에 들지 못하고 기다리던 형이 나보다 먼저 전화를 받았고, 할아버지께서 돌아가셨다고 했다. 누군가 돌아가신 게 내겐 처음 일어난 일이라 믿기지 않았다. 곧장 장례식장 으로 오라고 하는 엄마의 목소리는 지쳐 있었다.

　장난기 많던 형과 나는 아무 말도 할 수 없었다. 형은 급히 겉옷을 주워 들고 집을 나서야 했고, 택시를 잡았다. 장례식장 앞에 택시가 멈 추자 마중 나온 엄마가 보였고, 장례식장에서 시키는 대로 절을 하고 밥을 먹으려고 앉았다. 그러다가 상복을 입은 아빠를 만날 수 있었다. 몇 달 만인지, 아빠의 모습은 너무나 낯설었다.

　우리가 작은 반지하로 이사한 것도, 엄마가 밤낮없이 일하며 고생 하는 것도, 할아버지와 떨어져 살게 되어 4개월 만에 돌아가신 것도, 아빠 때문이라고 생각했다. 아빠를 보자, 원망스러운 마음이 북받쳐 올라 대뜸 왜 그랬냐고 화내고 싶었다.

　그러다 문득 놀이터에서 우리 형제를 괴롭힌 형들을 혼내 주던 아 빠가 생각났다. 내겐 무섭기만 한 아빠였으나 그럴 때면 든든한 지원 군으로 변신했다. 그런 지원군이 우리 곁에 없다는 생각에 서러움이 밀려왔다. 아빠를 의지했던 만큼 믿기도 했던 나는 아무 말도 할 수 없었다. 그저 감정 표현이 서툰 중학생에 불과했다. 마음속에 있는 이야기를 꺼내지 못한 채 하염없이 울기만 했다.

울고 있는 나를 토닥이며 아빠는 수감 사실과 형량에 대해 이야기했다. 그렇게 1시간쯤 지났을까. 교도소로 돌아가야 한다는 아빠. 우리는 또다시 헤어졌다. 장례식을 마치고 집에 돌아온 이후 내내 혼란스러운 마음이었다. 아빠의 수감 사실을 애써 부정했지만 직접 보고 듣고 나자 나를 더욱 힘들게 했다.

벼랑 끝에 서다

어린 시절에 무언가 잘못하면 아빠에게 혼나고 매를 맞기도 했다. 나에게 아빠란 존재는 공포의 대상이었다. 그런 아빠가 공교롭게도 중학생이 되던 해에 수감되었고, 유일하게 남긴 것은 감당할 수 없는 빚뿐이었다.

나는 마치 제어장치가 고장이라도 난 듯 잘못된 일이라는 것을 알면서도 보란 듯이 망가졌다. 술과 담배 등 미성년자가 할 수 없는 것은 다 했다. 친구 집에서 자고 놀며 집에 들어가지 않는 날이 많아졌고, 자연스럽게 범죄에도 손대기 시작했다.

2017년, 소년분류심사원에 가게 되었다. 심사원은 소년원에 보낼지 사회로 돌려보낼지 살피며 한 달 동안 재판을 보류하는 곳이다. 그 동안에는 심사원에서 지내며 교육을 받아야 한다. 손목에 차갑고 단단한 수갑이 채워졌다. 수갑은 움직일수록 손목을 조여 왔다.

버스를 타고 심사원에 도착했을 때, 차창 밖으로 보이는 심사원은 그냥 학교처럼 보였다. 다른 점이 있다면 들어가는 길에 몇 개인지 셀 수도 없는 철문을 지나쳤다는 것이다. 그렇게 심사원에 들어와 갈아입을 체육복, 그리고 생활용품을 지급받았다. 모두가 같은 색, 같은 옷이었다.

그제야 심사원에 왔다는 사실이 실감 났다. 조금의 자유도 없는 이 곳은 우리가 상상하던 교도소와도 그리 다르지 않았다. 환복을 마치고 먼지투성이인 복도 바닥에 앉아 밥을 먹었다. 극도로 긴장한 탓일까? 허겁지겁 밥을 먹고, 배정받은 방으로 향했다.

방에는 비슷한 또래 친구들이 있었다. 부모에게 매일 폭행을 당하던 친구, 계속된 싸움에 부모가 이혼한 친구, 혹은 나 같은 수용자 자녀인 친구. 저마다 사연이 달랐지만 건강하지 않은 어른들에게 크고 작은 상처를 받았다는 공통점이 있었다. 우리는 이 모든 상황이 어른들의 잘못이라고 생각했다.

내가 배정받은 초범 방에는 말 그대로 처음 이곳에 온 사람들이 있었다. 하루 일과는 단순했는데, 아침 일찍 기상해서 침구류를 정리하고 밥을 먹은 후 다시 돌아와 편지와 반성문을 쓰는 것이 오전 일정의 전부였다. 점심을 먹고 나서 한두 시간 정도 교육 강의를 듣고 다시 돌아와 반성문과 탄원서 등 글을 썼다. 반성문과 탄원서, 편지 작성을 강요하지 않았지만, 철창 안에서의 지루함을 달래기 위한 유일한 방법은 글쓰기이기도 했다.

아침에 개운하지 않은 기분으로 일어나서 식사하고 방으로 돌아오면 엄마 또는 친구 생각이 났고, 그들에게 편지를 쓰곤 했다. 방에 있는 시간에는 벽에 등을 기댈 수도 없고, 자는 시간 외에 누울 수도 없었다. 정말 이런 게 구속이구나 싶었다.

심사원에서 한 주 정도의 시간이 흘렀다. 같은 방을 쓰던 친구들이 하나둘 면회를 다녀오면서 아이스크림을 먹었다는 둥 자랑을 해서 우리 엄마는 언제 올까 기다려졌다. 마침내 면회 대상자라고 내 이름이 호명되었다. 엄마를 보러 가는 길이 이처럼 설레고 두근거렸던 건 처음이었다. 맛있는 음식이 기대되기도 했다. 고작 한 주가 지났을 뿐인데, 정말 오랜만에 엄마를 만나는 기분이었다.

면회장에 들어서자 저 멀리 엄마의 모습이 보였다. 면회는 단 10분, 너무 짧았다. 자리에 앉으니 테이블에는 엄마가 사 온 아이스크림과 각종 과자가 있었지만 눈에 들어오지 않았다. 엄마의 눈을 마주치자마자 펑펑 울고 말았다. 반가움과 미안한 마음이 공존했다. 멈추지 않는 눈물을 진정시키며 뒤늦은 안부를 묻고 났을 때는 이미 아이스크림이 녹아 있었다. 그렇게 첫 면회가 끝났다.

심사원에 있던 친구들은 누구 하나 나쁜 아이처럼 보이지 않았다. 그저 사춘기라는 단추가 잘못 끼워진 것처럼 보였다. 그 모습이 안타까우면서도 나와 닮았다고 생각했다. 하지만 나와는 다른 점도 있었는데, 그들은 부모에 대한 신뢰가 완전히 깨진 상태였다. 부모 또한 구속된 자식을 기다려 주지도, 믿어 주지도 않는 상황이었다. 그래서인지 변해야겠다는 생각도 없어 보였다.

그 모습을 보니 엄마 생각이 났다. 돌아보면 내가 학교에 결석하며 사고 쳐서 경찰서에서 연락이 와도, 가출해서 몇 날 며칠 집에 들어가지 않아도 엄마는 나를 미워하지 않았다. 엄마도 그들의 부모처럼 포기하고 싶었을지 모른다. 면회 때 엄마가 우는 모습을 처음 보면서, 단단했던 엄마가 무너질 수도 있겠다고 생각했다. 마치 엄마의 마지노선인 듯했다. 내가 돌아갈 수 있는 마지막 기회라는 생각이 들었다.

그렇게 한 달을 보내고 엄마가, 교도소에 있는 아빠가, 그리고 세움에서 탄원서를 써 주어 보호처분을 받고 집에 돌아올 수 있었다. 그토록 싫었던 집이었는데 반가웠다.

그렇게 열아홉 살이 되었다

나는 달라지고 싶었다. 변화되고 싶었다. 비행을 저지르며 사귄 친구들을 계속 만나면 변화될 수 없겠다는 생각이 들었다. 그래서 모든 연락을 끊고 한동안 집 밖으로 나가지 않기로 했다. 그러자 비로소 나의 모든 비행이 멈췄지만, 무엇부터 시작해야 할지 몰랐던 나에게는 엄청난 무력감이 밀려왔다.

우연히 유도 국가대표의 영상을 보게 되었다. 모든 경기에 한판승으로 이기며 금메달을 따는 모습이었다. 나 자신의 무력함이 부끄러웠고, 너무 멋있어 보이던 유도 선수! 차마 배우고 싶다고 말을 꺼내기 어려웠다. 가난했으니까. 하지만 이대로 유튜브만 보며 무료한 일상을 보낼 수는 없지 않은가. 거실을 기웃거리다 엄마에게 어렵사리 말을 꺼냈다. 엄마는 기다렸다는 듯 바로 등록해 주겠다고 했다. 매일 저녁 유도하러 가기 시작하면서 나는 겨우 변환점에 들어서는 첫걸음을 내디뎠다.

누군가가 말했다. "가난은 대물림되는 거야." 그 말이 끔찍하게 싫었고 부정하고 싶었지만, 왠지 모르게 납득이 됐다. 집안 형편이 바뀐

적이 없었으니까. 그래서 가난의 굴레에서 벗어나고자 무조건 돈을 많이 벌자는 목표가 생겼다. 유도하며 친해진 휘진이와 종종 편의점 앞 테이블에서 이야기하곤 했다. 나의 막연한 목표는 곧 사업가가 되겠다는 꿈이었고 휘진이 역시 같은 꿈이었다.

우리는 밤늦게 서로의 꿈에 관해 이야기하다 휘진이가 장난스레 나에게 사업을 시작하자고 했다. 처음엔 그 말을 웃어넘겼다. 사실 돈을 벌 것이란 기대감과 새 일을 시작한다는 설렘보다 난관에 부딪히고 실패할지도 모른다는 두려움이 컸다. 하지만 휘진이의 생각은 달랐다.

"장난하는 거 아니야. 같이 해 볼래?"

휘진이의 진지한 제안은 동대문 의류 도매시장에서 옷을 가져다 소매로 판매하는 일이었다. 그렇게 '한번 해 볼까?'라는 마음으로 바뀌었다. 우리는 편의점 앞에서 시간 가는 줄 모르고 사업 이야기를 했다. 브랜드명, 시장조사, 어떤 플랫폼으로 판매할 것인지 등에 관하여 회의하고 계획했다. 막연한 목표였지만, 그것이 한 줄기 빛이 되어 금방이라도 가난에서 벗어나게 할 것 같았다.

바람이 차갑던 새벽녘에 동대문 도매시장에 도착한 우리는 새벽 시간이라는 게 믿어지지 않을 정도로 사람들이 많아서 놀랐다. 모두들 분주해 보였다. 동대문 의류 상가는 거대한 여러 건물로 이루어져 있었는데, 거의 모든 건물에 들어갔다가 마지막 건물에서 남성 의류를 찾을 수 있었다. 하지만 고작 한 개 층이었고 옷 종류도 적었다. 우리는 카페에서 다시 회의했다.

이번 회의는 처음처럼 순탄하지 않았다. 자금을 늘려 다양한 옷들을 소개하며 시작하고 싶은 휘진이의 의견과 가볍게 적은 자금으로 시작하자는 내 의견이 엇갈렸다. 게다가 옷을 매입할 자금도 턱없이 부족했다. 야심차게 시작하려던 첫 사업이 시작도 전에 끝이 보였다.

남들이 보기엔 열여덟 살의 장난스러운 행동처럼 보일 수 있겠지만, 이 짧은 도전과 경험이 나의 막연한 목표에 불씨를 일으켰고 보다 선명한 꿈을 꾸게 해 주었다. 무엇이 부족한지, 어떤 것을 배워야 하는지에 대한 확신이 생겼다. 그리고 대학에서 경영학을 공부하기로 했다. 일단 대학 진학이 목표가 되었다. 그렇게 미루던 검정고시를 준비하면서 나는 열아홉 살이 되었다.

청소년기가 끝날 무렵, 과거의 상처가 무뎌져 갈 때쯤 아빠는 형기를 마치고 집으로 돌아왔다. 어색한 공기가 흐르던 거실에는 나와 아빠가 앉아 있었다. 우리 가족을, 그리고 나를 힘들게 한 아빠를 가까이에서 보게 되면서 가라앉았던 감정이 다시 복잡해지는 듯했다.

하지만 아무래도 상관없었다. 이제 아빠를 원망하며 더 이상 내가 나를 망가트릴 수 없었고, 아빠를 향한 원망보다 앞으로의 내가 더 소중하기 때문이었다.

첫 단추를 돌아보며

우연히 세움의 청년자문단에 대해 알게 되면서 형의 권유로 자문단에 지원하게 되었다. 자문단 활동으로 나의 과거에 대해 글을 쓰려니 10년이나 지난 일을 다시 기억해 내는 게 쉽지 않았다.

돌아보니 나는 심사원 이후 미래에 대해 생각하며 앞만 보고 지내왔다. 구속을 경험하게 한 심사원은 내 인생을 180도 바꿔 놓았지만, 한 번도 과거를 되새김질하거나 돌이켜 본 적이 없었다. 기억하려 하지 않았던 걸까. 글 쓰는 과정은 '그때 내가 왜 그랬을까. 그때의 나는 무슨 감정이었을까'를 되돌아보는 기회가 되었다.

엄마는 마음이 복잡하여 정리하고 싶을 때 글을 쓰곤 했다. 어느 날 내가 자문단 글을 쓰며 고민하는 것을 보고, 엄마는 자신이 쓴 글들을 보여 줬다. 지나고 보니 엄마의 글은 큰 도움이 되었다. 그 글엔 삼 형제 중에서도 유독 내 이야기가 가득했다. 〈우리가 익어 가는 시간〉이라는 글의 한 부분이다.

시도 때도 없이 경찰서를 드나들던 어린 민이에게 사회 규범으로 정해진 것을 어기는 것은 잘못된 행동이라는 것을 애기하면서도, 엄마로서 민이를 품어야 할 때 내가 어디까지 이 아이를 품어야 하는지 의구심에 부딪힌 경험이 떠올랐다. 아이의 잘못된 행동을 다시 반복되지 않도록 가르쳐야 하고, 또 아이를 품어야 하는 게 마냥 받아 주기만 하는 것은 아닌가 싶고, 뭔가 모순되는 것 같아 혼란스러웠다.

아이 행동의 경계를 내가 어디까지 품어야 할까를 고민하는 사이에, 어느덧 민이는 성인이 되었다. 다행스럽게도 철부지 행동에 대한 책임과 그 시기 해내야 할 역할을 해 나가며 성장해 준 민이를 보면서 어느 날 알게 되었다. '아, 그 경계는 내가 정하는 게 아니었구나! 아이가 실수나 실패를 거듭하면서 스스로 정해 가는 거였구나!'

단단하고 강한 사람. 청소년기에 내가 생각하는 엄마였다. 엄마의 이런 단단한 기다림이 내가 실수를 거듭하면서도 스스로 깨닫고 방황을 멈출 수 있었던 이유가 아닐지 생각한다. 엄마가 처음부터 단단했던 것은 아니었다. 나를 키우면서 인내하고 기다려 주면서 포기하지 않았던 과정 속에서 단단함을 찾았고, 그렇게 나와 같이 엄마가 성장하고 있었다.

자아가 형성되는 과정인 청소년기는 여러 가지 이유로 삐뚤어지기가 쉽다. 나 또한 단추를 잘못 끼우면 풀고 다시 맞춰 보는 과정에 있다. 지금까지 과거가 중요하지 않다고 생각했지만, 이제 미래로 나아가기 위해 엇갈린 단추를 풀고 다시 채워 나가야 함을 알게 되었다. 당신의 단추는 어디쯤에 있는가? 미래를 향해 나아가는 당신에게 한 번쯤 자신의 단추를 돌아보라고 말하고 싶다.

★　성민 : 세움 청년자문단 4기. 플랫폼 사업에 비전을 가지고 경영학을 전공하고 있다.

내 삶의 나침반

●

6월 16일,

여동생의

열세 번째 생일이었다.

부모님은 이혼을 준비하며 수시로 싸우느라 바빴다. 그날도 예외 없이 심하게 다투는 모습을 보면서, 어린 동생이 안쓰럽기만 했다. 밥이라도 먹여 주고 싶은 마음에 무작정 데리고 집을 나섰다. 스무 살이던 나는 있는 돈 없는 돈 모두 끌어모아 정갈하고 고급스런 전문 일식당에 갔다.

그때의 기억이 지금도 생생하다. 음식이 맛있었던 걸까. 아니면 여동생에게 밥을 사 주던 추억이 강렬한 걸까. 혹은 모르는 번호의 전화 한 통으로 삶이 180도 바뀌어서 그런 걸까.

"아버님이 사람을 때렸어요."

경찰관이라던 남자 목소리의 저 한마디는 내 인생을 온통 뒤집어 놓고 말았다. 아무런 상황 설명도 없이 피해자는 지역 병원에 이송되었다고 덧붙였다. 2022년 6월 16일, 여동생의 생일이기만 했던 그날은 아버지의 수감으로 인해 나와 여동생이 수용자 자녀가 된 날이었으며, 동시에 어머니가 돌아가신 날이었다.

뒤틀린 나침반

어머니와 아버지는 예전부터 이혼에 대한 고민이 상당했다. 맞벌이로 인한 피로와 성격 차이로 잦은 다툼이 있었지만, 어떡하든 나와 어린 여동생을 위해 가정을 유지하고자 노력했다.

서류상으로 이미 남남이었다. 여동생이 태어났을 시기 '위장 이혼'을 진행한 건 한 부모 가정 혜택을 받기 위해서였다. 이혼 처리했으나 실제로는 별다름 없이 함께 살아가고 있었다. 맞벌이하며 간신히 생계를 유지하던 부모님에게 자녀 둘 양육이 꽤 부담스러워 내린 결정인 것 같았다. 그게 악재가 되었는지, 결국 부모님은 실제 이혼을 앞두고 싸우고 또 싸웠다. 서로의 마음이 돌아선다면 언제든지 남남이 될 수 있는 상황이었다. 부부로서 옭아매는 어떤 것도 남아 있지 않았다.

'뭐, 이러다가 말겠지.'

부모님이 싸울 때마다 예사롭지 않게 여기곤 했다. 한 달에 서너 번을 싸웠지만 다음 날이면 언제 그랬냐는 듯 화기애애해서 어떤 불안의 기미조차 점점 무감각해졌는지도 모른다.

하지만 그날은 달랐다. 아버지와의 말다툼 도중 분노를 참지 못한 어머니가 집을 나갔고, 그날 이후 아버지는 물론 나와 여동생의 연락마저 차단해 버리고 사라졌다. 며칠간의 수소문 끝에 겨우 외삼촌 댁에서 지내던 어머니에게 연락이 닿았다. 내심 안심이 되었고, 어머니의 화만 풀리면 모든 게 잘 해결될 것만 같았다.

"아들, 엄마 이제 더 이상 못 버티겠어…."

그때 어머니의 속마음을 직면하게 되었다. 처음이자 마지막으로 아들의 어머니가 아닌 한 여자로서 내게 들려준 이야기였다. 스무 살 젊은 나이에 결혼하고, 하루도 쉬지 않고 집안일과 직장 생활을 하게 된 어머니는 이미 지칠 대로 지쳐 있었다. 그 설움이 내 앞에서 북받쳐 올랐다.

그렇게 힘겨웠던 어머니에게 빨래 한 번, 설거지 한 번에도 생색을 내던 나였다. 그때 나의 어리숙함이 얼마나 부끄러운지 모른다. 하지만 익숙함에 속아 소중함을 뒤늦게 깨달은 나를 세상이 기다려 주지는 않았다.

사건이 있던 그날 부모님은 물류사업을 하던 외삼촌의 사무실에서 이혼의 마침표를 찍기로 했다. 그날 아버지는 내게 함께 가자고 했지만, 여동생을 일식당에 데려가기로 한 시간과 겹쳐 거절했다. 아직도 그토록 지독한 카오스 순간이 왜 내게 주어졌는지 응어리가 되어 풀지 못하고 있다. 그날 아버지를 따라갔더라면 무언가 달라졌을까?

교차로에 서서

"○○○ 씨 사망하셨다고 연락이 왔습니다."

외숙모의 이름이었다. 경찰서에 있다는 아버지의 소식을 듣고 달려가 참고인 조사를 받던 도중에 듣게 된 외숙모 이름. 현장의 분위기를 봤을 때 아버지가 큰 범죄를 저질렀다는 것을 눈치챌 수 있었다. 어머니는 괜찮은지 확인하는 것이 급선무였다.

"어머니는 어떻게 되셨나요?"

"사망하셨습니다."

경찰관의 답변은 간단했다. 그때 무언가가 끊어진 것 같았다. 책을 더 열심히 읽었다면 그때의 감정을 정확히 묘사할 수 있을까? 아버지는 어머니와 대화 도중 숨겨 두었던 흉기로 여러 차례 가격해 이를 저지하던 외숙모까지 살해하고, 소란을 듣고 달려온 외삼촌에게도 큰 피해를 주고 말았다.

말도 안 되는 상황에 현실감각 자체가 마비되었다. 지금도 그때 내가 무슨 생각과 감정이었는지 느껴지지 않는다. 자기 앞길만 생각하며 공부하던 스무 살 대학생이 하루아침에 모든 걸 책임지고 도맡아야 하는 가장이 되어 버렸다. 그때 경찰서가 아니라 병원으로 달려갔더라면 어머니를 한 번이라도 더 만나 볼 수 있었을까? 지금 후회해도 소용없다는 것을 알면서도 아직도 그 시간을 떠올리곤 한다.

감정을 추스를 새도 없이 해야 할 건 산더미였다. 곧바로 휴학 신청을 한 뒤 어머니의 장례를 치르고 집을 정리하고 각종 지원금을 통해 생계비를 마련하며 상속 절차 등을 처리해야 하는 상황에 놓인 것이다.

어디를 가도 보호받는 학생이 아닌 성인으로서 사람들과 마주하게 되었고, 잔실수 하나도 온전히 나의 책임이 되었다. 누군가에게 털어놓고 기댈 수 없었다. 내 이야기에 누가 무슨 말을 해도 위로가 되지 않았고, 당장 눈앞에 처리해야 할 일들이 마음을 무겁게 짓눌렀다.

어떤 순간에도 내 편이던 부모님의 존재가 사라지고 이제 내가 그런 존재가 되어야 했다. '외롭고 쓸쓸하다'라는 표현이 이렇게 버거운 것인지 처음 알았다.

"오빠, 엄마 아빠는 언제 와?"

지금까지도 내 생에 가장 어려운 질문으로 자리 잡고 있다. 아직 열세 살의 어린 여동생이지만 솔직하게 모두 이야기해 주었다. 가혹할지언정 나중에 감당할 수 없을 만큼 커진 상처를 안겨 주는 것은 더욱 싫었다. 한참을 주저앉아 우는 여동생을 다독여 주었다. 나 또한 울컥했지만 울지 못했다.

내가 우는 순간 억누르고 있는 그 많은 감정이 나를 붙잡아 전혀 움직이지 못하게 할 것만 같았다. 부정적으로 현실을 바라보지 않고 언제나 상황을 헤쳐 나가려 했다. 내가 미래를 현명하게 살아가는 게 어머니의 바람이자 생전의 은혜에 보답하는 것이라고 지금까지도 굳게 믿고 있기 때문이다.

모든 선택과 행동의 결과는 이제 나의 책임이었고, 이런 갑작스러운 현실이 좀 많이 겁나고 불안했다. 동시에 그런 척해 왔던 어른의 모습이 되려 하니 뒤돌아서 도망치고 싶었다. 당연히 티 낼 수 없었다. 기댈 수 없었다. 털어 낼 수 없었다. 무너질 것만 같았기 때문이다. 드넓은 교차로에서 가야 할 곳을 잃고 헤매고 있었다.

나침반을 찾아서

나는 모르는 게 많았다. '아는 만큼 보인다'라는 속담처럼 세상에 대해서, 가족에 대해서, 심지어 나에 대해서도 잘 알지 못했다. 초등학교 시절부터 사고를 많이 쳤다. 공부는 하지 않고 부모님에게 거짓말을 하며 친구들과 놀러 다녔다. 집안 형편이 어려웠지만, 부모님은 부족함 없이 해 주었다. 그런 부모님의 배려에도 내 고집은 한없이 강해졌다.

친구와 싸우고 주먹을 휘두를 때마다 엄마는 항상 학교에 불려 왔다. 나중에 알고 보니, 엄마는 내가 사고를 치지 않더라도 늘 불안해하며 우리 학교를 우회해 다녔다고 한다. 나는 그 모든 것이 너무 싫었다. 부모님이 나에게 용돈만 주고 더 이상 신경 쓰지 않기를 바랐다. 사춘기라고 생각했지만 그저 이기적인 아이였다. 그리고 이걸 깨달았을 때, 부모님은 두 분 다 내 곁에 없었다.

부모님은 나에게 물과 불 같았다. 아버지는 현실적이고 부정적인 성향의 불, 어머니는 유하고 긍정적인 성향의 물이었다. 감정적으로 나를 때리고 화를 내던 아버지가 미웠고, 그런 아버지에게 먼저 사과하라는 어머니의 한마디가 정말 미웠다.

사실은 알고 있었다. 어머니는 항상 아버지로부터 나를 지켜 주었고, 내가 말하지 못하는 것들을 대신 말해 주었고, 필요하면 진심으로 꾸중을 했다. 아버지는 가부장적인 환경에서 자라 마음의 소리를 내는 법을 몰랐고, 그로 인해 감정으로 나를 다루려 했다. 이런 점들이 그저 원망스러웠지만 성인이 되어 가니 부모님의 입장을 표면적으로나마 이해하게 되었다.

어머니는 뭐든지 걱정 없이 즐겁게 해낼 것 같은 사람이었다. 하지만 시간이 지나면서 알게 된 건, 어머니도 결국 편하게 쉬고 싶고, 때로는 짜증도 낼 줄 아는 사람이었다는 것이다. 가끔은 자신만의 여유를 갖고 싶어 했고, 그저 순응하며 살아가던 모습 뒤에는 스트레스와 불편함이 존재했다.

아버지는 늘 화를 내고 감정적으로 보였지만, 항상 걱정이 많고 불안해하는 사람이었다. 마음을 드러내는 대신 강한 말과 행동으로 표출하려 했지만, 그 이면에는 나와 가족을 향한 깊은 걱정과 애정이 자리 잡고 있었다.

어쩌면 두 분의 극심한 성격의 양극화가 지금의 나를 만들어 준 계기가 아닐까 싶다. 힘들고 지칠 땐 긍정적으로 상황을 바라보게 되었고, 반성과 객관화가 필요할 땐 냉정하게 나를 돌아보기도 한다. 하지만 여전히 내가 어떤 사람인지 모르겠고, 내 성격을 정의하라고 할 때면 침묵이 앞선다.

그럴 때면 정말 부모님이 보고 싶다는 생각이 많이 든다. 부모님에게만 할 수 있는 깊은 대화, 사소하지만 따뜻했던 이야기들이 아직도 아른거린다.

지금은 내가 위로받을 때가 아니라고 생각한다. 불확실투성이지만 책임져야 할 여동생이 있다. 이 사실만으로도 내가 아닌 책임져야 할 가족을 위해 인생을 살 것이다. 정답은 모른다. 다만 눈앞의 목표와 하루하루에 열정을 다하는 것을 지금의 나침반으로 사용할 것이다.

책임이라는 말

학교에는 정해진 시간표가 있다. 등교와 하교 시간, 수업과 쉬는 시간까지 계획된 대로 움직이는 일상. 그렇게 커리큘럼을 따르며 어른이 되어 간다. 하지만 현실의 사회는 그와는 너무 달랐다. 아무도 내게 시작과 끝을 알려 주지 않았고, 무엇을 해야 할지 어떤 과정을 따라가야 하는지 말해 주지 않았다.

당연한 거 아닌가 싶을 테지만 고등학교를 막 졸업한 스무 살에겐 너무나도 낯선 세상이었다. 모든 게 마치 차가운 빙판 위에 서 있는 것 같았다. 내가 나서서 해야 할 일이 많다는 건 알았지만, 그만큼 두렵고 불안했다.

어머니의 장례식이 시작되었을 때, 내가 무엇을 해야 할지 하나하나 살펴야 했다. 장례식이 어떻게 진행되는지, 비용은 얼마나 드는지, 어떤 준비물을 챙겨야 하는지…. 아무것도 알지 못한 채 일 처리를 시작했다. 그와 동시에 부모님이 남긴 모든 것들을 이제 내가 관리해야 하는 상황에 마주했다. 자동차, 집, 예금, 보험까지. 모든 것이 하루아침에 내 책임이 되어 버렸다.

무엇보다 버거웠던 건 슬퍼할 겨를도 없이 여동생과 이 모든 상황을 공유해야 했다는 것이다. 위장 이혼 상태의 부모에게 상속 1순위는 자녀인 나와 여동생이어서 모든 결정을 내 마음대로 독단적으로 처리할 수도 없는 상황이었다. 어떤 일이든 여동생과 나누어야 하는 법적 의무가 있었고, 그 많은 서류들을 파악해 일일이 처리해야 했다. 내겐 낯설고 버거운 일들의 연속이었다. 이해하기도 어려운 현실을 무조건 받아들여야만 했다.

세상이 그렇게 냉정하고 잔혹하다는 걸 그때 처음으로 체감했다. 한편으로는 내게 필요한 경험이라고 생각했다. 그 경험들이 내 능력이 될 거라 믿었다. 다만 나를 힘들게 했던 건 바로 '책임'이라는 단어였다. 모든 일이 내게 달려 있다는 생각이 주는 부담과 책임감은 하루하루 나를 옥죄는 사슬이 되었다.

어떤 과정도 쉽지 않았다. 실수도 잦았다. 그럴 때면 정말 도망치고 싶기도 했다. 그럼에도 내가 하루하루 견딜 수 있었던 것은 아이러니하게도 '책임'이라는 단어 때문이었다. 그 말이 나에게 동기부여가 되었고, 절망 중에도 원동력이 되어 주었다.

책임, 즉 책임감은 무엇인가? 책임감은 주어진 일이나 상황에 대해 자신의 의무를 다하려는 마음가짐이다. 스무 살 때까지는 무엇 하나 책임감 있게 해 본 것이 없었다. 그 이유는 어떤 상황이나 일에 대한 의무감을 못 느꼈기 때문이다. 공부를 못해도 잘 살 거라는 주위 사람들의 이야기를 들었고, 돈을 못 벌고 철이 없더라도 부모님이 있고 아직 어리다는 생각에 걱정 하나 생기지 않았다.

그런데 상황이 달라졌다. 미래를 준비하고 돈을 벌지 못하면 나와 내 동생을 책임져 줄 사람이 단 한 명도 없었다. 철이 없더라도 날 다 받아 주고 이해해 주며 등을 빌려주던 사람이 이제는 없는 것이다. 나는 변화해야 했고 움직여야만 했다. 부모님의 갑작스러운 부재로 인해 내가 느낀 책임에 대한 아픔은 무엇보다 날 힘들게 했지만, 동시에 나를 어떻게든 움직이게 하는 동력이 되었다. 이제는 나밖에 없으니까. 내가 움직이지 않으면 내 여동생의 미래가 불투명해지니까.

이렇게 책임이라는 단어가 삶의 중요한 신념으로 자리 잡힐 때쯤 나는 스물셋이 되어 있었다. 여동생과 함께 평범한 오늘을 보낼 수 있도록 그저 앞만 보고 달려야 했다.

너와 함께

여동생은 나보다 일곱 살 어린 늦둥이였다. 성격이 여리고 쓴소리 한 번 내뱉지 못할 정도로 착하고 남을 배려하는 아이였다. 어린 시절 부모님의 사랑을 독차지하는 것 같아 샘도 많이 내고 짓궂게 군 적도 많았지만, 그래도 귀엽고 이쁜 내 동생이었다. 지금도 여전히 그렇다.

부모님의 부재라는 큰 태풍이 불어왔을 때, 여동생은 나에게 든든한 버팀목이 되어 주었다. 여동생이 없었더라면 몹시 외로웠을 것 같다. 때로는 화풀이하고 싶기도 했다. 여동생이 있다는 이유로 처리해야 할 일들의 장벽이 높아지는 상황에 여동생에게 사소한 트집을 잡아 잔소리를 하기도 했다. 그럼에도 여동생이 있다는 것 만으로도 언제나 행복했고 든든했다.

열세 살, 초등학교 6학년인 여동생에게 부모님의 부재를 알리는 일은 나에게도 큰 고통이었다. 내가 겪은 고통을 동생에게 다시 전해 주는 것 같았다. 지금도 후회한다. 좀 더 잘 이야기할 수 있지 않았을까? 사실 나는 여동생에게 부모님의 소식을 덤덤하게 전했고, 그 와중에 여동생은 나를 걱정하며 괜찮은 척 웃으면서 울음을 터뜨렸다. 그 모습을 지금도 또렷하게 기억한다. 나는 어떻게 위로해야 할지 몰랐고, 말없이 여동생의 등을 다독여 주는 것밖에 할 수 없었다.

여동생은 부모님의 소식을 접하고 오히려 아무렇지 않은 척하려 했다. 더 밝게 웃으려 하고 괜찮은 척했다. 그러나 점점 자신의 감정을 표현하는 것을 어려워했고, 가끔은 거짓 웃음을 보이기도 했다. 나는 여동생에게 수없이 말했다.

"항상 진심으로 생각하고 말해 봐."

나도 부모님에 대한 감정을 아직 정리하지 못했기에, 여동생이 그만큼 힘들 거란 생각이 들었다. 그러나 여동생이 10대를 괜찮은 척하며 보내는 걸 원하지 않았다. 화가 나고 기분이 나쁘다면 그런 감정을 숨기지 않고 표현할 수 있도록 도와주고 싶었고, 기분이 좋고 신난다면 누구보다 행복하게 표현할 수 있도록 돕고 싶었다.

우리는 심리 치료와 상담을 받았다. 주위 어른들과 아동복지 단체인 세움과 범죄피해자센터를 통해 보다 빠르게 도움을 받을 수 있었다. 여동생은 이모들과 시간을 보내고 전문적인 심리 치료와 상담을 받으며 점차 속마음을 표현할 수 있게 되었다. 싫은 소리 없이 따라와 준 여동생이 대견했고, 여전히 내가 모르는 어떤 것이 여동생을 불편하게 할지 걱정이 되기도 했다.

나는 여전히 여동생이 부모님의 부재로 인한 아픔을 온전히 직면하지 못했다고 생각한다. 나 역시 아직 그 아픔을 직면하지 못했다. 당연하다. 이건 긴 시간과 과정이 필요하기 때문이다. 나는 괜찮고 건강하다고 생각하지만, 어머니와 아버지를 떠올릴 때면 감정을 외면하게된다. 괜찮은 척하는 내 모습에 나마저 속고 있는 것은 아닌지, 요즘자주 느낀다. 이것이 회복의 시작일지 모르겠다. 해답이 보이지 않고,현명한 길도 보이지 않지만, 내가 어떤 상태인지 인지하는 것 자체가중요하다고 생각한다.

여동생이 애써 그 아픔을 마주하려 하지 않기를 바란다. 지금은 건강하게 하루하루 행복하게 살다가, 언젠가 준비가 되고 그 아픔의 상자를 열어 볼 용기가 생겼을 때 그때는 외면하거나 회피하지 않고 마주할 수 있기를 바란다. 지금은 조금이라도 편하게 오늘을 살아가고내일을 준비할 수 있으면 좋겠다. 여동생에게 유일한 보호자이자 양육자인 내가 느끼는 이 감정은 아마 세상 모든 부모님이 느끼는 감정과비슷할 것이다.

'네가 어떤 길을 걸어가도 항상 오빠가 지지해 줄게. 가끔은 부족할지도 모르지만, 오빠가 네 옆에서 언제나 함께하니까 두려워 말고 앞

으로 나아갔으면 좋겠어.'

인생의 항해

지금도 각자의 인생을 각기 다른 농도로 살아가고 있을 독자들에게 하나만 꼭 전하고 싶다. 하루하루 내 인생의 모든 순간을 치열하고 책임감 있게 살았으면 좋겠다. 내가 이 글에 적은 치열과 책임은 사람들이 알고 있는 보편적인 의미와 조금 다르다.

나는 꼭 일을 열심히 하고 무언가를 배우고 공부하는 것만이 치열하다고 생각하지 않는다. 뭐든 도맡아 하고 끝까지 해야만 책임이라고 생각하지 않는다. 밥을 먹고 친구와 즐겁게 놀고 가족과 이야기하는 평범하고 일상적인 이 하루를 내가 진심으로 보고 느끼고 맛봤다면, 나는 이것 또한 치열하고 책임감 있게 사는 것이라 생각한다.

남들이 세워 놓은 기준에 내 인생을 비교하지 않고 내 인생의 치열함, 책임감을 만들고 쌓아 나갔으면 좋겠다. 내가 어떤 꼬리표를 달고 있든, 남들에게 어떻게 보이든 간에 내가 믿고 나아가는 길을 치열하고 책임감 있게 열심히 사는 것 자체가 중요하다는 메시지를 꼭 전달하고 싶다.

사회에서는 수용자 자녀처럼 헐뜯기 쉬운 타이틀에 관심이 많고

54

색안경을 착용한다. 수용된 부모님 범죄의 질이 짙을수록 색안경 또한 짙어진다. 자녀라는 이유 하나만으로 우리가 그들의 죄로 인해 비판당하고 눈치 볼 필요는 없다고 생각한다. 그렇다고 우리가 이를 당당하게 여긴다면 반대로 수용자에 대한 옹호와 가식으로만 보일 우려도 있을 것이다.

그렇기에 수용자 자녀와 같이 비교적 편견과 편향에 휩쓸릴 수 있는 이들과 그 너머에서 바라보는 이들을 중간에서 연결해 주는 곳이 필요하다. 누군가 한쪽에 속해서 무언가를 외친다면 반대쪽의 누군가는 편들며 거짓을 고하는 거라고 외칠 것이다.

다행스럽게도 나와 여동생에게는 세움과 범죄피해자센터, 그리고 친구들과 이모들이 있었다. 그들 덕분에 우리의 나침반이 뒤틀렸음에도 다시 안전하게 제 방향을 찾아갈 수 있었다. 이처럼 긍정적이고 선한 영향력을 가진 많은 이들이 뜻을 모아 함께하고, 이들이 움직일 수 있도록 힘을 실어 주고 지원을 해 주는 단체나 기업이 더욱 많아졌으면 좋겠다.

한 번 나침반이 뒤틀렸다고 해서 인생이 끝난 것은 아니다. 잠시 동안 가야 할 곳을 헤매고 망설이더라도, 가끔은 느리고 게을러도 되지 않겠는가. 엇나가도 되고 나빠 보여도 되고 실수해도 괜찮다. 그것 또한 '나'라고 생각한다. 결국 우리는 우리만의 나침반으로 인생이라는 항해를 할 것이다.

★ 연주 : 세움 청년자문단 4기. 여러 사람에게 도움이 되고 싶어 물리치료학과에서 인체의 움직임을 공부하고 있다.

| 가면 뒤의 진실 | 기복

아빠가 교도소에 수감되던 날

우리 가족의 평화로운 일상은

무참히 깨지고 말았다.

보통의 사람들이 살아가는 삶을 부족함 없이 누려 왔고, 한자리에 모이면 대화가 끊이지 않던 우리 가족이었다. 우리가 누리는 여행의 즐거움, 외식의 특별함은 주변의 부러움을 사기도 했다. 아빠의 수감 생활이 시작되면서 이러한 우리 가족의 일상은 크게 달라졌음에도 혹시 누가 이 상황을 알게 될까 전전긍긍하며 아무 일도 일어나지 않은 척 가면을 쓰게 되었다. 어려움 없이 자란 나의 소중한 성장기 기억마저 가면 속으로 사라질 것만 같았다.

아빠는 고등학교 때 처음 조울증이 발병되었다. 다행히 일상생활에 지장을 주지 않는 정도라 잘 관리하며 살아오고 있었다. 기분이 좋았다가 한순간에 몹시 나빠지고 또 반대의 상황이 되기도 하는 조울증 증상을 앓았지만 아주 일시적인 현상으로 나타났을 뿐이었다.

간혹 아빠의 폭력적인 행동이 나타나기도 했는데 조울증 환자에게 흔히 일어나는 감정 변화라는 것을 들어 잘 알고 있었다. 이런 조울증 환자에게는 숙면이 필수적이어서 아빠가 복용해야 하는 약에는 수면제 성분이 포함되어 있었다.

새로운 시작이 또 다른 파장으로

2017년, 우리 가족에게 찾아온 가장 큰 변화는 아빠의 이직이었다. 그동안 일의 성과를 인정받은 아빠는 더 높은 연봉이 보장되는 회사로 이직할 기회를 갖게 되었다. 어찌 보면 당연하게 받아들인 이직이었고, 우리 가족 모두 아빠의 이직을 너무나 반겼다. 그 사건이 일어나기 전까지는.

아빠 역시 조금도 망설이지 않았다. 새로운 직장의 계약 조건에는 2교대 근무가 있었다. 조울증을 앓고 있는 아빠에게는 아주 위험한 조건이었지만 아무도 그 위험을 알지 못했다. 2교대 근무가 반복되다 보니 어떤 날에는 아침에 회사에 나가 새벽에 퇴근하고, 다시 아침에 출근하는 말도 안 되는 패턴의 일상이 반복되었다.

아빠는 절대적인 수면 시간 부족을 견뎌 내야 했고, 조울증 약에 포함된 수면제 성분 탓에 업무에 방해가 되기 일쑤였다. 하는 수 없이 일부러 수면제 성분이 든 약을 빼고 먹는 날이 빈번해졌다. 그 선택으로 아빠와 우리 가족이 감당해야 할 암담한 미래를 예측하지 못한 채.

6개월 정도는 정말 행복했다. 원래도 부족함이 없었던 우리였지만, 아빠의 이직을 통해 더욱 풍족하게 살 수 있었으니까. 아빠가 수면 패턴의 붕괴로 힘들어했지만, 나는 그저 경제적으로 풍요로워진 것만 바라봤던 것 같다. 그래서 아빠가 2교대 근무로 힘들어하는 것을 알면서도 모른 척했는지 모른다.

어느 날 아빠가 갑자기 창업 이야기를 꺼냈다. 원래 일하고 있던 분야의 공장을 차리고 싶다고 했다. 터무니없는 소리였다. 우리 아빠는 제조업 분야에 종사하고 있었는데, 그 기계 하나만 하더라도 수천만 원에서 많게는 수억 원에 달했기 때문이다. 그래서 가족 모두 창업 이야기를 귀담아듣지 않았다. 다행히 아빠는 창업 이야기를 한 후에도 별문제 없이 직장 생활을 이어 갔다.

그러다 아빠가 갑자기 다니던 회사를 그만두고 집에 들어오지 않기 시작했다. 아빠는 잠깐 할머니 댁에 다녀온다고 했고 우리는 아무런 의심도 하지 않았다. 하지만 그것이 비극의 시작이었다.

집에 여러 가지 서류들이 도착하기 시작했다. 우리가 감당할 수 없는 대출 금액 1억 5천만 원이 적혀 있는 대출 서류들과 건물 계약 문서, 그리고 아빠가 대표로 쓰여 있는 명함 등을 보고 우리 가족은 깜짝 놀랐다. 당황한 나는 아빠에게 전화를 걸었다. 그런데 아빠가 조금 이상했다. 평소에는 들을 수 없었던 상기된 목소리와 시비를 거는 듯한 말투로 변해 있었다.

아빠의 화법이 원래도 직설적이긴 했지만 흥분된 모습은 처음이었다. 거기다가 아빠의 외모도 많이 달라져 있었다. 아빠와 한 몸이었던 운동복은 사라지고 이젠 멀끔한 정장이 아빠와 한 몸이 되어 있었다. 당시 어렸던 나는 아빠가 그냥 분위기 전환을 한 것이라고 생각했다.

엄마는 달랐다. 엄마는 위기를 직감했다. 나는 몰랐지만 아빠가 이랬던 적이 한두 번이 아니었다. 아빠가 20대였을 때, 즉 내가 어렸던 시절에 이미 이와 비슷한 증상을 보인 적이 있다고 엄마가 말해 줬다. 무슨 일이 있어도 잠은 집에서 자고 우리와 함께했었던 아빠였다. 하지만 이제 아빠에게 집은 그냥 잠만 자는 숙박업소와 같은 역할이 되어 버렸고, 그마저도 조울증이 악화되자 차에서 모든 숙식을 해결했다. 당연히 연락도 닿지 않았다. 엄마와 달리 나는 이런 상황이 처음이라 어떻게 해야 할지 전혀 감이 잡히지 않았다.

그러던 중 집으로 날아온 아빠의 카드값 청구서 역시 우리가 감당할 수 없는 금액이 적혀 있었다. 그래서 나는 아빠의 증세가 더욱 나빠지기 전에 정신병원에 입원시켜야 한다고 주장했다. 처음엔 친척들을 포함한 가족 모두가 말도 안 되는 소리라고 했었지만, 아빠의 상태가 점점 악화되고 그로 인해 무너져 가는 우리 가족을 보며 고모와 할머니는 아빠를 입원시키기로 결심했다.

하지만 현실의 벽에 부딪혔다. 우선 성인이기 때문에 본인의 입원 동의가 필요했다. 30대 중후반의 남성을 그저 돈을 많이 썼다는 이유로 정신병원에 입원시키는 것은 쉽지 않았다. 그 와중에 아빠가 크고 작은 차 사고를 내면서 경찰분들과 강제 입원에 관해서 이야기할 기회가 있었다. 그런데 그때 돌아온 답변은 범죄를 저지르기 전까지는 강제 입원을 시킬 수 없다는 것이었다. 나에게 당시 경찰의 말은 입원을 시키기 위해서 범죄를 저지르고 오라는 것으로 느껴져 짜증이 났다. 그때 이 현실이 너무 답답했다.

'국가는 범죄를 예방할 의무가 있지 않은가?'

며칠이 지나지 않아 기어이 일이 벌어지고야 말았다. 아빠는 돈을 구하기 위해서 할머니 댁으로 찾아갔지만, 할머니가 돈을 주지 않겠다고 하자 흉기로 찌른 것이었다. 아마도 이 당시가 아빠의 폭력성이 극에 달한 시기였던 것 같다. 나는 당시 어린 나이었기에 상황에 대한 자세한 설명을 듣지는 못했다. 하지만 가족을 흉기로 찔렀다는 사실 하나만으로도 엄청난 충격을 받았다.

어쩌면 나는 그제야 조울증의 무서움을 직접적으로 체감했는지도 모르겠다. 불행 중 다행히도 할머니의 상처는 깊지 않았고 생명에는 지장이 없었다. 이 일을 계기로 아빠는 경찰에 체포되었지만, 조울증에 대한 치료가 우선이었기에 바로 재판을 받지는 않고 정신병원에 입원하게 되었다.

나는 그때 처음으로 가족의 부재를 느꼈고 일상에서 가면을 쓰게 되었다. 이때의 감정은 말로 표현할 수 없을 정도였다. 항상 누군가를 대할 때 당당하고 숨길 것이 없던 나였지만, 숨길 것이 생겼다는 그 자체만으로도 사람들을 만나기가 두려웠다. 마치 내 삶 전체에 대해 거짓말을 해야만 할 것 같았다. 내가 그동안 느꼈던 부정적인 감정들은 아무것도 아니라는 생각이 들었다. 집 밖으로 나가기가 두려웠고, 혹시나 우리 가족의 가정사를 들킬까 항상 두려움에 떨며 하루하루를 살아야 했다.

그 후 엄마는 할머니, 고모와 함께 아빠가 진행했던 건물 계약을 파기하러 갔고 이미 일정 부분 진행된 인테리어를 원상 복구하기 위해 가족 모두가 엄청난 노력을 쏟았다. 이제 돌이킬 수 없는 대출 잔액만이 남았다. 하지만 다행히도 아빠의 증세가 많이 호전되었고 엄마가 일을 시작하면서 경제적 상황 등 모든 것이 정상 궤도로 다시 올라온 것 같았다. 일상으로 다시 돌아갈 수 있을 것만 같았다. 이는 앞으로 벌어질 일들에 비하면 빙산의 일각에 불과했다.

아빠의 입원 후 엄마와 나, 동생 이렇게 셋이 살았고 엄마는 아빠가 저지른 대출 빚을 갚기 위해서 마트에서 일을 했다. 엄마는 갑작스럽게 가장이 되었다. 가족을 지키기 위해서 열심히 일을 하고 있었다. 아빠를 안정시키는 데에 여러 가지 난관들도 많았지만, 그저 우리 가족이 다시 행복해지는 과정이라고 생각했기에 이 정도 고통은 참고 견딜 수 있다고 생각했다.

그렇게 실낱같은 희망을 봤던 나에게 행복은 꿈도 꾸지 말라는 듯, 엄마도 갑자기 이상해지기 시작했다. 우리에게 매일 집밥을 차려 주던 엄마가 배달로 저녁을 시켜 주고, 한껏 꾸미고 저녁 늦게 나가서 새벽에 들어오기 일쑤였다. 나는 이때 엄마의 외도를 의심했지만 제발 외도만은 아니길 간절히 바랐다. 만약 엄마까지 우리 곁을 떠난다면 우리 가족이 다시 일어설 수 있는 작은 희망조차 사라질 것이라고 생각했기 때문이다.

나의 우려는 현실이 되었다. 엄마는 점점 우리를 챙기지 않았고, 저녁은 항상 배달 음식이었다. 이제 엄마에게 우리는 안중에도 없었다. 당시 나의 나이는 초등학교 6학년 열세 살, 동생은 초등학교 2학년 아홉 살이었다. 그렇게 나와 동생은 아빠의 정신병원 입원과 수감, 그리고 엄마의 외도와 방치를 어린 나이에 모두 경험하게 되었다. 엄마와 아빠 모두에게 버려졌던 2017년의 겨울은 아직도 춥게만 느껴진다.

처음이자 마지막이길 바랐던 첫 번째 이별이 끝났다. 시간이 흘러 증세가 많이 호전된 아빠가 6개월 만에 퇴원했다. 자연스러운 인과관계라고 해야 할까? 아빠와 엄마는 이혼하게 되었다. 우리 가족이 평범한 일상으로 빠르게 복귀할 수 있으리라 기대했지만, 이는 큰 착각이었다. 일상으로 돌아가는 그 길이 너무나도 멀게만 느껴졌다.

희망과 절망이 공존할 수 있을까?

아빠는 빠르게 일상으로 복귀하였고 원래 하던 일을 하면서 우리 가족은 다시금 정상화가 되는 듯했다. 그렇게 몇 번의 겨울이 지났다. 나는 고등학교 1학년이 되었고, 그사이 몸도 마음도 많이 성숙해졌다. 그런데 아빠에게서 또다시 이상 징후가 포착되기 시작했다.

이번에는 상황이 조금 달랐다. 아빠가 유흥업소에 다니기 시작했고 그것이 사건의 발단이 되었다. 유흥업소 앞에서 행인과 시비가 붙은 아빠가 경찰에 신고했다. 아빠는 조울증으로 인해서 정신이 온전치 못한 상태였다. 그래서 아무런 잘못도 하지 않았음에도 경찰을 보고 도망을 가다가 난폭운전, 신호위반, 과속 등으로 체포되었다. 경찰은 그 당시 아빠가 음주 상태였다고 했지만, 실제로 음주 측정을 해 보니 음주를 전혀 하지 않은 상황이었다. 아빠가 그 자리에서 도망가지만 않았다면, 체포되는 일은 없었을 것이다.

그렇게 아빠는 경찰의 동행하에 정신병원에 다시 입원하게 되었다. 이미 한 번의 아픔을 경험했던 나는 똑같은 실수로 아빠를 잃고 싶지 않았다. 그런데 4년이 지난 그 당시에도 내가 할 수 있는 일은 아무것도 없었다. 자책하는 것이 전부였다. 아빠는 2017년에 했던 행동들을 되풀이했고 대출받은 돈을 유흥에 모두 써 버렸다.

두 번째 이별이 오지 않길 바랐지만, 다시 아빠는 정신병원으로 떠났다. 치료는 이전과 다르게 길어졌고 1년 가까이 입원을 했다. 그사이 나와 동생은 기초생활수급자가 되었고, 가면을 벗고 살아갈 수 있을 것이라는 실낱같은 희망도 사라졌다. 시간이 흘러, 아빠의 치료를 위해 미뤄졌던 재판도 진행이 되었다. 재판부에서 심신미약으로 인한 양형을 해 줬지만, 실형을 피할 수는 없었다. 결국 징역 6개월이 선고되었고, 아빠는 교도소에 수감되고 말았다.

그렇게 나는 보호자 없이 동생과 단둘이 사는 삶에 익숙해졌다. 공부를 포기할까도 생각했지만, 다행히 그런 유혹에는 넘어가지 않았다. 아빠와 같은 삶을 살기 싫었기 때문이다. 유흥에 많은 돈을 쓰는 아빠의 모습이 너무 한심하게 느껴졌고, 몸과 마음이 망가지면서까지 물질적인 것을 쫓는 아빠의 삶이 너무나 싫었다.

시간이 흘러 2022년 7월, 아빠는 다시 세상 밖으로 나오게 되었다. 이전 같은 기대는 없었다. 우리 가족의 삶이 빠르게 정상 궤도에 오를 것이라는 생각은 전혀 들지 않았다. 이제는 감당할 수 없을 정도로 불어난 대출 원금과 이자, 가혹한 현실이 우리를 기다리고 있을 뿐이었다. 무엇보다도 건강했던 모습의 아빠가 많이 달라져 있었다. 분명히 치료를 받았음에도 불구하고 아빠의 불같은 성격은 출소 일주일이 채 지나지 않아서 다시 나타났고, 병원에서 처방한 약을 먹지 않으려고 했다. 아빠의 몸과 마음은 이미 망가질 대로 망가진 듯 보였다.

나의 예감이 빗나가기를 바랐지만, 좋지 않은 예감은 틀리지 않았다. 아빠는 돈을 어떻게든 구하기 위해서 불법적인 수단까지 동원하기 시작했다. 할머니의 신분증을 빌려 몰래 대출을 받았으나, 그렇게 받은 대출금의 잔액이 바닥날 때까지 우리 가족 그 누구도 이 사실을 알지 못했다. 할머니 핸드폰으로 계속 알림이 오고 있었는데, 기기 조작이 서툰 할머니는 전혀 눈치를 채지 못했다. 할머니의 핸드폰을 보던 내가 우연히 발견해서 이 사실을 가족 모두 알게 되었다.

그렇다. 아빠는 아직도 조울증과의 사투에서 승리하지 못한 것이다. 이 일이 가족들에게 알려진 후, 아빠는 다시 집을 나갔다. 그런데 왜일까? 나는 이제 아빠가 며칠 동안 집에 들어오지 않아도 아무런 생각도 들지 않았다. 이런 상태가 체념과 무뎌짐이라는 감정이 아닐까? 나는 여전히 아빠를 가족으로 생각하고 아끼지만, 아빠의 반복되는 문제에 이제 진절머리가 난 것 같았다.

나를 두렵게 하는 번호, 031

어느 날 낯선 번호의 전화 한 통을 받았다. 그 전화는 031로 시작되는 번호였다. 031로 시작되는 번호를 포함해 010으로 시작하지 않는 모든 번호는 나를 불안하게 했다. 왜냐하면 031, 051, 02 등으로 시작하면 대체로 아빠의 온갖 빛과 공과금 납부를 독촉하는 전화였기 때문이다. 그런데 그날따라 뭔가 전화를 받아야겠다는 느낌이 강하게 들었다. 그 연락은 경찰서에서 온 것이었다.

"안녕하세요. ○○경찰서입니다. 아버님 성함이 ○○○ 맞으시죠?"

경찰서라는 말을 듣는 순간 내 머릿속에는 오만 가지 생각이 들기 시작했다. '아빠가 또 무슨 사고를 쳤을까? 아니면 이번에는 피해를 입었나?' 등의 생각으로 아빠가 걱정되었다. 아빠의 문제들에 무감각해졌다고 생각했는데 아니었나 보다. 경찰은 아빠가 방화와 기타 범죄로 구치소에 수감되었다고 했다. 이번엔 단순한 수감으로 끝날 것 같지 않았다.

그렇게 아빠는 다시 한 번 법정에 서게 되었고, 출소한 지 두 달밖에 되지 않은 누범 기간이었기 때문에 범죄는 가중처벌되어 판결이 내려졌다. 판결은 징역 2년 6개월이었다. 나는 이제 평범이라는 것은 꿈도 꾸지 못하게 되었다. 이전의 이별들이 끝이 보이는 터널을 지나가는 것 같았다면, 이번에 내려진 판결은 끝이 보이지 않는 터널을 지나야 하는 것만 같았다. 이렇게 세 번째 이별이 시작되었다.

초등학교 6학년이었던 열세 살에 아빠와 이별을 했던 나는 스무 살의 대학생이 되었다. 그리고 대학에서 만나는 친구들에게 나의 '다름'

을 들키지 않기 위해 가면을 쓰고 생활을 하고 있다.

가면을 벗어 버리다

내가 '아빠의 수감'이 만들어 낸 가면을 벗기 위해 노력하는 과정에서 얻은 소중한 것들에 대해서 말해 보고 싶다. 아직 모든 사람 앞에서 가면을 벗은 것은 아니다. 처음으로 내 가면의 무게를 느낀 것은 행복한 모습의 친구들을 바라보던 순간이었다. 내 얼굴 위에 드리운 낯선 표정은 내가 선택한 것도, 내가 원하던 모습도 아니었다. 그제야 깨달았다. 나를 지키기 위해 만들어 낸 이 가면이 이제는 나를 짓누르고 있다는 것을.

가면을 벗는 과정은 생각보다 더디고 고통스러웠다. 한 겹 한 겹 때어 낼 때마다 드러나는 진짜 내 모습이 두려웠다. 가면은 나를 안전하게 감싸 주는 보호막 같았지만, 동시에 내 진짜 모습을 가둬 두는 감옥이기도 했다. 스스로 나에게 묻곤 했다. '내 본모습을 드러내면 사람들이 떠나가진 않을까? 실망하지 않을까?' 그런 질문들은 항상 내 손을 망설이게 했고, 벗어 버려야 할 가면의 끝을 잡고도 주저하게 했다.

하지만 가면을 벗어 버리기로 결심했다. 더 이상 숨고 싶지 않았다. 그 과정을 통해 알게 된 건, 가면을 벗는 일이 단지 나를 드러내는 행위

가면은 나를 안전하게 감싸 주는 보호막 같았지만,
내 진짜 모습을 가둬 두는 감옥이기도 했다.
스스로 묻곤 했다. '내 본모습을 드러내면 사람들이
떠나가진 않을까? 실망하지 않을까?'

만이 아니라 내면에 쌓인 감정을 직면하는 일이기도 하다는 사실이었다. 나는 두려움을 느꼈고, 동시에 안도감을 느꼈다. 억눌렸던 목소리가 다시 살아나는 것을 느끼면서 비로소 나답게 숨을 쉴 수 있었다.

가면을 벗는 과정을 통해 내 삶에서 빼놓을 수 없는 친구 두 명을 얻게 되었고, 여러 값진 경험을 할 수 있었다. 이 친구들은 내가 처음으로 가면을 벗은 모습을 보여 준 친구들이다. 수용자의 자녀이기 이전부터 나와 알고 지냈지만, 내가 수용자의 자녀가 되었다고 해서 나를 떠나는 것이 아닌 존중과 공감으로 내 곁을 지켜 주고 있는 친구들.

그 덕분에 고민이 있을 때 혼자 끙끙 앓지 않을 수 있었으며, 그로 인해 내가 가진 상처를 조금이나마 치유할 수 있었다. 비록 타인에게는 애써 괜찮은 척, 행복한 척하기 위해 했던 모든 가식적인 행동들을 멈출 수는 없었지만 적어도 이 두 친구 앞에선 '나다운' 모습을 감추지 않고 보여 줄 수 있었다.

물론 이 친구들에게 말하는 것이 옳은지 고민이 되기도 했다. 섣불리 나의 치부를 드러냈다가 이 친구들마저 잃게 되는 것은 아닌지 밤을 지새우며 고민한 적도 많았다. 그렇지만 혹독한 상황들을 혼자 견디는 것이 역부족이라고 판단했고, 내가 유일하게 숨을 쉴 수 있는 구멍은 친구들에게 나의 치부를 드러내는 것밖에는 없었다. 그렇게 나는 친구들에게 다가갔고 모든 아픔을 털어놓았다.

친구들은 나의 아픔을 자신의 아픔처럼 공감해 주었다. 나의 온갖 걱정들을 비웃기라도 하듯, 그렇게 우리의 우정은 나의 고백을 계기로 더욱 끈끈해졌고 나를 세상에서 가장 잘 아는 두 명의 소중한 친구를 얻었다.

고등학교 담임 선생님 앞에서도 가면을 벗었다. 선생님은 2학년 때는 잘 진행하지 않는 대입 상담을 반 아이들에게 해 주셨다. 언젠가는 내 차례가 올 것이었기에 나는 심각한 고민에 빠졌다. 당시 아빠의 수감과 경제적 어려움 등 여러 가지 이유로 대학에 진학할지 공무원 시험을 볼지 엄청나게 고민하던 시기였다. 그 고민을 해결하지 못한 채 예정대로 상담은 시작되었다.

여전히 누군가에게 내 비밀을 말하기가 두려웠기에, 우선 대학 진학과 공무원 준비를 고민 중이라고 했다. 그러자 선생님께서 "너는 학교생활도 열심히 하는데 대학을 안 가고 공무원을 준비할 거야?"라고 말씀하셨다. 그 말을 들었을 때 가정사를 말하는 것에 대해 오만 가지 생각을 했던 것 같다. 이마에서 식은땀이 뚝뚝 떨어졌다. 엄청난 고민을 했지만, 이 사실을 말함으로써 나의 내면도 한 단계 성장하고 가면을 벗을 수 있는 과정이라고 생각했다. 그렇게 나는 담임 선생님께 나의 가정사를 모두 털어놓았다.

말씀을 드리면서 선생님의 반응이 너무나도 궁금했다. 혹시나 표정이 굳지는 않으실까. 학교 전체에 소문이 나는 것은 아닐까. 이런 걱정을 비웃기라도 하듯, 선생님께서는 진심 어린 마음으로 내 걱정부터 해 주셨다. 그리고 아직 보호받아야 하는 아이니까 누구를 보호해야 한다는 압박감에 힘들어하지도 말고, 너의 삶을 살아가기 위해 노력하라고 말해 주셨다.

그 말을 들었을 때 이마에 흘렀던 식은땀이 눈물로 바뀌고 있었다. 사실 처음엔 이러한 상황을 누군가에게 말하는 것이 부끄러웠다. 다들 문제없이 일상을 살아간다고 생각했기 때문에. 하지만 나는 한 단계 발전하기 위해 첫걸음을 내디뎠고, 선생님이 내가 가지고 있던 보호자의 결핍을 채워 주신 것만 같았다.

고등학생을 지나 대학생이 되는 동안 교도소에 수감된 아빠로부터 50여 통의 편지를 받았다. 편지의 내용은 시기에 따라 약간씩 달라졌지만, 일관된 메시지가 있었다. "아빠가 미안해. 아빠가 교도소에서 나가기 전까지 동생을 잘 보살펴 줘"라는 말이다. 이 중에서 나는 미안하다는 말이 진심이 아니라고 생각했다. 지금은 아빠의 진심을 느끼고 이해하고 있지만, 그 당시에는 아빠에 대한 원망의 감정이 너무 컸던

탓에 '미안하다는 사람이 계속 우리 곁을 떠나? 마음에도 없는 소리 하는 거 아니야?'라고 하찮게 여겼다.

하지만 가면을 벗고 싶다고 생각하면서 나는 달라졌다. 아빠의 수감 때문에 썼던 내 가면을 벗기 위해 부단히 노력했다. 앞서 말한 친구들을 시작으로 담임 선생님, 그리고 대학에서 만난 몇몇 친구들에게까지 가면을 벗을 수 있었다. 나의 결정이 성공이냐 실패냐로 판단한다면 적어도 지금까지는 성공이다.

여전히 실패에 대한 두려움 때문에 가면을 벗고 있는 그대로의 나를 보여 주길 주저하기도 하지만, 지금까지의 성공을 바탕으로 나아가고 싶다. 아빠뿐만 아니라 누군가의 말을 내가 스스로 해석하는 것이 아닌, 그 사람의 말을 있는 그대로 받아들이고 의심하지 않기로 했다. 이제 나는 아빠의 진심을 그 누구보다도 있는 그대로 느끼고 수용하고 있으며 아빠를 진심으로 사랑하고 있다.

이제는 반가운 전화번호, 02-XXX-XXXX

아빠의 전화번호는 010으로 시작하지 않는다. 교도소에 있는 아빠의 전화번호는 02로 시작한다. 이 번호로는 내가 먼저 전화를 걸 수 없으며, 나는 언제 울릴지 모르는 전화벨 소리를 항상 기다려야만 한다.

현재 아빠가 지방에 있는 교도소에 수감되어 있어 수도권에 사는 우리 가족이 대면 면회를 하는 것은 현실적으로 쉽지 않다. 아빠와 전화하는 것만이 내가 현재 아빠를 마주할 수 있는 유일한 수단이다.

아빠의 전화를 받았을 때, "교정 기관 전화입니다"라는 기계음이 싫었다. 그 문장이 우리 아빠는 수용자이고 수용자에게서 온 전화라는 느낌을 강하게 줬기 때문이다. 하지만 이제는 그 어떤 소리보다 반가운 소리가 되었다. 처음에는 너무나도 길게 느껴지고 할 말이 없었던 5분이었지만, 이제는 5분이라는 시간이 짧게 느껴질 정도로 아빠와 나누고 싶은 말들이 많아졌다.

이 모든 것이 나 자신과 아빠가 치유되는 과정이라고 생각한다. 아빠의 수감과 같이 추락했던 우리 가족이, 아빠와 편지를 주고받고 5분 남짓의 짧은 통화를 하며 다시 일상으로 되돌아갈 수 있다는 희망을 키워 가고 있다. 031과 02로 시작되는 번호는 두려움과 공포의 상징이었지만 이제는 그 어떤 연락보다 기다리게 되는 번호가 되었다.

나의 여동생에게

아빠가 떠나고 나와 여동생 둘만 남아 있는 상황이기에 오빠인 내가 여동생에게 잘해야 한다는 생각을 스스로 하지만 부족한 부분이 있을 수밖에 없다. 아빠와의 첫 번째 이별 당시 그래도 나는 초등학교 6학년이었기 때문에 동생보다는 충격이 적었을 것이라고 짐작한다. 동생은 초등학교 2학년밖에 되지 않았기 때문에 가족의 붕괴가 더 큰 상처로 남았을 것이다.

그래서일까. 밖에서는 누구보다 활발하고 공부도 잘하는 동생이지만, 집에 오면 한마디도 하지 않고 항상 방문을 걸어 잠그고 심지어는 식사도 거실에서 나와 함께하지 않고 자신의 방에서 먹는다. 그런 동생이 처음에는 이해가 되지 않았다. 나는 비록 적은 돈이지만 동생이 용돈을 달라고 할 때마다 주고, 시켜 먹고 싶은 음식이 있다고 하면 모두 시켜 줬다.

어느 날 문득 내가 싫어했던 아빠의 모습이 떠올랐다. 나는 아빠가 모든 것을 돈으로 해결할 수 있다고 생각하는 것이 너무나도 싫었다. 그런데 그 당시 내가 아빠에게서 싫어했던 행동들을 똑같이 동생에게 하고 있었다. 동생과의 소통을 통해서 동생에게 어떤 상처가 있는지, 고민은 없는지 물어볼 생각도 하지 못했다. 그저 아빠가 나에게 했던 것처럼 물질적인 것만 충족시켜 준다면 아빠의 빈자리를 채울 수 있을 것이라는 잘못된 생각을 했다.

이런 깨달음을 얻었을 때는 이미 동생은 기다리다 지쳐 마음의 문을 굳게 닫은 것 같았다. 일상적인 대화는 하지만 5분 이상 대화가 지속된 적은 손에 꼽을 수 있을 정도이다. 혹시 보호자의 역할을 하기 위해 했던 강압적인 행동이 이전에 동생에게 상처를 줬던 것처럼 또 다른 피해를 주지는 않을지, 혹여 나의 사려 깊지 못한 행동으로 상처받지는 않을지에 대한 걱정이 앞서서 오히려 동생에게 다가가지 못하는 것 같다.

그래도 동생의 마음속 굳게 닫힌 문을 열기 위해 관심사에 관해 대화를 시도하는 등 노력하고 있다. 나에게 마음의 문을 열어 주는 것은 동생의 자유지만, 나는 동생과의 대화를 절대 포기하지 않을 것이기 때문에 동생과의 행복한 대화가 언젠가는 이루어지기를 기대한다. 이 글을 통해 동생에게 끝내 하지 못했던 "오빠가 잘 챙겨 주지 못해서 미안해"라는 말을 전하고 싶다.

새로운 보호자 세움, 그리고 독자에게

나의 새로운 친구 세움에게 감사하다. 고등학교 3학년부터 세움의 지원을 받았기 때문에 다른 수용자 자녀에 비해서 짧은 시간이었지만 그 짧은 시간 동안에 세움은 나와 같은 아픔을 지닌 수용자 자녀 친구들을 소개해 주었고, 출판이라는 아주 소중한 경험을 선물해 주었다.

수용자 자녀들을 만나기 전까지 한 번도 대화를 나눌 기회가 없었기 때문에 나도 모르게 '나만 수용자 자녀야. 나보다 힘든 사람은 없어'라는 자기 연민을 가지고 있었다. 하지만 나보다 더 큰 아픔을 가진 수용자 자녀도 많이 만나고 아픔을 극복하는 과정을 전해 들으며 나도 충분히 모든 사람에게 가면을 벗을 수 있을 것이라는 생각을 가질 수 있었다. 지금도 크고 작은 상처들을 치유하는 과정에 있다.

이 글을 써 내려가면서 그동안 겪었던 아픔과 성장의 과정을 돌아볼 수 있는 소중한 경험을 얻었다. 현재와 미래의 삶을 진지하게 내다보고 살아갈 큰 원동력을 얻었다. 글을 쓰기 전까지는 현재 주어진 문제를 해결하기 급급했던 것 같다. 당연히 뒤를 돌아볼 여유도, 미래를 내다볼 여력도 없었다. 하지만 글쓰기 작업을 진행하면서 많은 아픔을 마주하고 견뎌 낸 내가 얼마나 단단한 사람인지 알 수 있었다. 이 모든 일련의 과정이 나를 앞으로 나아갈 수 있게 할 것이다.

독자들에게 전하고 싶은 말이 있다. 가까이 있는 친구나 주변 사람 중에도 나처럼 가면을 쓰고 일상을 살아가는 사람들이 생각보다 꽤 많다는 것을 알리고 싶다. 여러분 곁에 있는 누군가가 수용자 자녀일 수 있다는 것이다.

나는 수용자 자녀라는 다름을 감추기 위해 내가 쓴 가면이 저마다 각자의 비밀을 숨기기 위해 쓰는 가면과 다르지 않다고 생각한다. 이 책을 통해서 수용자 자녀들이 각자의 자리에서 얼마나 최선을 다하고 있는지 말해 주고 싶었다. 이 책을 읽었다고 해서 수용자의 자녀들을 불쌍하게 여기는 연민의 마음을 가져 달라는 것도, 또 안타깝게 봐 달라는 것도 아니다. 그저 나 같은 수용자 자녀도 각기 다른 이유로 일상에서 가면을 쓰며 살아가고 있고, 우리는 모두 친구가 될 수 있다는 것을 기억하기 바란다.

★ 기복 : 세움 청년자문단 4기. 부모님의 수감 생활을 무조건 부정적으로만 생각했던 과거에서 벗어나, 이제는 부모님을 이해하는 삶을 살아가려 애쓰고 있다.

ESSAY 4 | 과거의 점을 넘어 | 지온

●

카르마(Karma),

과거의 업(業)이 미래를 결정짓는다는

운명의 굴레.

하지만 내가 선택하지 않은 과거도 내 미래를 결정할 수 있는 걸까? 내 의지와 무관하게 주어졌던 시간이, 앞으로 내게 주어질 시간까지 지배하는 걸까? 수용자 자녀라는 이유만으로 나는 내일도, 그다음 날도 고통받아야만 하는 걸까?

카르마를 보면 영어교육을 전공하는 나에겐 '현재완료'의 문법 개념이 떠오른다. 과거의 일이 현재에 영향을 주는 시제. 현재완료를 과

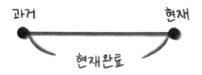

거와 비교하자면 과거는 '점', 현재완료는 '선'으로 비유한다.

과거는 현재에 영향을 주지 않는 점이다. 오늘 수학 시험을 망쳤더라도, 수학 점수를 이미 끝난 과거의 점으로 생각하면 내일 있을 국어 시험을 위해 공부할 수 있었다. 또 어제 아무리 폭식했어도, 폭식의 점을 과거에 두고 오면 다시 다이어트를 할 수 있었고, 그렇게 나는 총 20kg을 감량했다.

반면 현재완료는 과거의 일이 현재까지도 영향을 준다. 마치 과거의 점에서 펜을 떼지 않고 그리는 선과 같다. 초등학교 1학년 때 선생님의 따뜻한 가르침은 진로에도 영향을 줘서 사범대를 선택하게 했고, 고등학교 때 친구가 "넌 뭘 하든 잘할 거야"라고 해 준 위로는 대학생이 되어서도 동아리, 휴학 등 다양한 도전을 하게 하는 용기가 되었다.

'수용자 자녀'라는 점은 달랐다. 그 점은 내가 찍은 점이 아니었고, 그래서 대차게 구석에 박아 두고 외면했다. 회피한 시간만큼 점은 아주 짙고 굵은 선으로 이어져서 현재에 영향을 주는 현재완료가 되기도 했다. 그러나 이제는 수용자 자녀의 점에서 펜을 떼고, 당당히 새로운 점과 선을 그려 나가고 있다. 더 이상 과거의 선을 그리지 않게 된 여정에 관해 이야기하고자 한다.

너희 집 몇 평이야?

58평. 초등학생이던 때 나는 우리 집이 몇 평인지에 관한 질문을 좋아했다. 아파트 단지에서 가장 넓은 평수였던 106동 1004호, 우리 집은 나의 자랑이었다. 생일날이면 열 명이 넘는 친구들을 초대해도 넉넉하고, 소리를 지르면 복도가 울리고, 훌라후프를 맘껏 돌려도 무언가에 부딪힐 걱정이 없었다. 우리 집에서는 무엇이든 할 수 있다고 생각했다.

넓은 집에서 살 수 있었던 것은 아빠 덕분이었다. 우리 집 식탁 조명을 자주 바꿀 수 있었던 것도 아빠 덕분이었다. LED 회사를 운영하던 아빠는 멋진 사업가였고, 바쁜 가장이기도 했다. 퇴근하고 집에 오면 아빠는 늘 같은 자세로 포갠 두 발을 탁자에 올리고 골프 경기를 시청하곤 했다.

아빠와 공놀이를 하고 싶은 어린 마음에 소파에 있는 아빠에게 공을 보내도, 미동도 하지 않은 채 꿋꿋이 공을 주고받기만 했을 뿐이었다. TV에서 시선을 거두지 않는 아빠를 다치지 않게 하려고, 나는 공을 던질 때마다 "던질게요"라고 말해야 했다. TV에 열중하는 아빠와의 공놀이, 아빠와의 추억의 전부 같았다. 그만큼 나는 아빠와의 추억이 많지 않았다.

아빠는 '가정적'이라는 단어와 거리가 먼 사람이었다. 엄마와 아빠의 말다툼은 TV 소리만큼 익숙했고, 그럴 때마다 나는 방에 들어가 이어폰을 꽂고 귀가 아플 정도로 노래를 크게 틀었다. 그렇게 부부 싸움에는 적응해 갔지만, 엄마와 다투는 아빠의 얼굴빛은 매번 낯설었다. 그 붉으락푸르락한 표정은 볼 때마다 두려움을 줬다. 그 공포감이 얼마나 컸는지, 여전히 얼굴이 시뻘건 중년 남성을 마주치면 엄마와 다투던 아빠의 표정이 떠올라 마음이 불편하다.

아빠가 엄마에게 소리를 지르거나 물건을 던질 때마다, 나는 아빠를 '돈을 벌어다 주는 아저씨'라고 생각했다. 나와 아무런 상관도, 관련도 없는 사람. 아빠는 내가 큰 성과를 이뤘을 때 종종 용돈을 주었다. 반에서 1등을 했을 때, 교회에서 성경 말씀을 가장 많이 외웠을 때 등등. 마치 자식 농사 성공비를 받는 것 같았다. "제가 이렇게 딸을 잘 키웠습니다"라는 말을 아빠가 할 수 있어서 주는 상여금 같았다. 용돈을 받을 때면 학교 선생님이나 낯선 어른에게 짓는 미소를 아빠에게 지었다. 예의는 갖추지만, 사심 없는 미적지근한 미소. 아저씨를 향한 최대의 표현이었다.

초등학교 6학년 때, 가정 형편이 어려워지자 나의 자랑인 58평 집을 떠나야 했다. 가세가 기울고 있다는 것은 이사하기 전부터 알 수 있었다. 아빠가 집에 있는 시간이 늘어났고, 다리를 꼬고 같은 자세로 더 오랫동안 TV를 보곤 했다. 아빠가 집에 있는 시간이 늘어나니 전보다 더 불편했다. 이제 아빠는 돈도 잘 벌지 못하는, 그냥 아저씨가 되었다.

어느 날부터 아빠가 집에 잘 들어오지 않았다. 출장을 갔다고 생각했다. 하지만 엄마의 통화를 엿듣다 보니 아빠가 구치소에 있다는 것을 알게 되었다. 그리 놀라지 않았다. 놀라지 않은 척한 것인지, 혹은 놀라지 않을 정도로 무관심했던 것인지는 잘 모르겠다. 그만큼 아빠에게 무관심했다는 방증이 될지도 모른다. 구치소에 가든, 집에 있지 않든, 내 관심은 아빠가 아니라 점점 작아지는 집이었다.

결국 아빠는 내가 중학교 1학년 때 수감되었다. 이유를 정확하게는 모르지만, 돈이 문제였다. 아빠가 수감되고 나서 또 이사를 했다. 이번에는 내가 살 것이라고 상상하지도 못한 곳이었다. 비좁고, 벌레가 나오고, 냄새도 나는 집. 그래서 중학생 때부터는 친구들을 자주 초대하지 않았다. 그즈음 '생존'이라는 단어를 많이 떠올렸다. 이제 아빠도, 58평짜리 집도 없는 나는 스스로 생존할 수 있는 방법을 찾아야 했다.

알 수 없는 조바심이 들었다. 이 집에서, 이 상황에서 어떻게든 벗어나야 한다는 생각이 들었다.

당신은 수용자 자녀입니까? [예/예]

나의 청소년기에는 아빠가 없다. 아빠는 내가 중학교 1학년 때부터 고등학교 3학년이 되기까지 수감되었다. 청소년기란 뭘까. 아동기에서 성인기로 넘어가는 이 시기는 사춘기, 질풍노도의 시기, 중2병 등 다양한 이름을 가진다. 이는 청소년이 얼마나 정의하기 어려운 존재인지를 보여 준다. 청소년기의 아이들은 자신이 누구인지를 찾아가는 과정에서 스스로 다양한 이름을 얻게 된다. 나도 여러 이름을 부여받았었다. 우리 집 귀여운 막내, 키 작은 10반 여자애, 공부 잘하는 교회 누나 등등. 나를 잘 나타내는 이름은 내 자아가 되기도 했다.

그렇게 다양한 이름을 만나던 중 질문을 받았다. 당신은 수용자 자녀입니까? 그러나 이 질문에는 '아니요' 없이 긍정의 선택지만 있었다. '수용자 자녀'라는 이름은 선택의 문제가 아니었다. 아무것도 하지 않았는데, 하루아침에 나도 모르는 내 자아가 생겼다.

황당하고 억울했다. '어떻게 내 자아가 타인에 의해서 생기지? 자아는 자기 자신에 대한 의식인데, 왜 나도 모르는 나에 대한 의식이 생긴 거지? 나는 수용자가 아닌데, 왜 자식이라는 이유로 내게도 이름이 생긴 거지?' 많은 물음을 던졌지만, 그럼에도 수용자 자녀라는 이름은 지워지지 않았다.

평소에도 '이름값 한다'라는 말을 좋아하지 않았다. 여자이기 때문에 순응적인 태도를 기대하고, 가난해서 조급한 모습을 예상하는 사람들이 싫었다. 그렇게 부여된 수용자 자녀라는 이름값은 최악이었다. 움츠린 어깨, 희망 없는 동공, 동정을 받는 것이 마땅하다는 태도. 내가 생각한 수용자 자녀는 그런 모습이었다. 결코 내가 되어서는 안 되는 형상이었다.

그래서 아빠의 수감 사실을 내 안에서 무자비하게 밀어냈다. 그리고 나의 정체성에 아무런 영향을 끼치지 않도록 수용자 자녀의 이름을 회피했다. 다시는 그 이름을 떠올리고 싶지 않아 다른 이름을 내세우는 데 급급했다.

모범생, 그나마 우월해 보이는 자아였다. 성적은 명확한 수치를 보여 주는 만큼 나의 가치를 높이는 데 유용한 수단이었지만, 동시에 깎아내리는 데도 매우 편리한 도구였다. 성적에 따라 변화되는 나의 가치를 지키기 위해 아득바득 공부했고, 그럴수록 점점 영악해져 갔다. 성적표를 볼 때마다 나는 부모와 전혀 다른 사람임을, 결코 부모로부터 정의될 수 없는 존재임을 스스로 되새겼다. 그렇게 늘어나는 공부량과 함께 아빠와 점점 멀어지게 되었다.

하지만 아빠와의 면회는 내가 어떤 사람인지를 계속 말해 줬다. '맞다, 우리 아빠 감옥에 있지. 나 그런 사람의 딸이지.' 아빠와의 첫 면회날, 나는 낯선 사람의 면회처럼 무관심한 마음으로 갔다. 나, 엄마, 언니, 오빠 온 가족이 아빠를 보기 위해 경기도 여주로 향했다. 하지만 그날 신분증이 없었던 나는 아빠를 만날 수 없었다.

집으로 가는 차에서 눈물을 애써 참으며 조용히 울었다. 교도소로 간 시간이 아까워서 운 것으로 생각했지만 아니었다. 왜 우냐고 묻는 엄마에겐 너무 피곤해서라고 거짓말을 했다. 앞뒤가 맞지 않는 거짓말은 눈물의 이유가 결코 시간이 아까워서도, 피곤해서도 아님을 보여 줬다. 왠지 부끄러운 마음이 들었다. 말과 행동이 다른 것이 싫었고, 아빠를 좋아하는지 싫어하는지 혼란스러웠다. 무엇보다 내가 누구인지 잘 몰랐다.

그날의 감정적 요동은 그리 오래가지 않았다. 첫 면회 이후로 다시 아빠한테 무관심하게 되었다. 그리고 학년이 올라갈수록 학업에 더 열중했다. 하지만 약간의 기대감은 있었다. 아빠가 출소하면 조금은 변해 있지 않을까 생각했다. 엄마에게 소리 지르지 않고, 돈만을 쫓지 않고, 하나님을 잘 믿는 사람이 될 것이라고 기대했다. 그리고 아빠가 성적, 성과와 상관없이 나를 있는 그대로 사랑해 주기를 바랐다.

고등학교 3학년 때 아빠가 출소했다. 아빠는 여전히 엄마와 말다툼했고, 집에서 TV만 봤다. 아빠가 변하지 않았음을 확신했다. 하지만 나는 더 이상 5년 전의 아무 말도 못 하는 중학생이 아니었다. 이제는 아빠의 반찬 투정을 나무랄 수 있고, 아빠의 욕설에 짜증도 낼 수 있는 열아홉이었다. 그래서 아빠의 반찬 투정에 수저를 세게 내려놓기도 하고, 욕설을 내뱉는 아빠에게 시끄럽다고 소리치기도 했다. 이렇게라도 변한 모습을 변하지 않은 아빠에게 보여 주고 싶었다. 아빠가 왜 그 시간 동안 변하지 않았는가를 나를 통해 스스로 깨닫기를 바랐다.

하지만 아빠의 시뻘건 얼굴은 나를 다시 어린아이로 되돌려 났다. 결국 어린아이는 아빠를 또다시 아저씨라고 생각하며 갈등을 피했다. 그리고 자신과 상관없는 사람에게는 어떤 힘도 쓰지 않을 것을 다짐했다. 아이는 아빠에게 분노를 느낄 때마다 방에 들어가 문제집을 펼쳤다. 한 문제, 두 문제 풀어 갈 때마다 자신이 아빠와 다른 존재라는 걸 마음에 새겼다.

결국 아이는 원하는 대학교에 입학했다. 아빠는 엄마와 별거했고, 아이는 엄마와 생활했다. 그리고 아이는 스무 살, 성인이 되니 더 큰 독립심이 생겼다. 누구에게도 정의받고 싶지 않았고, 특히 부모가 그 어떤 것으로도 자신을 옭아매지 않았으면 했다. 그렇게 아빠의 출소와 함께 수용자 자녀의 이름은 점점 흐려졌지만, 마음 한편에 아빠와의 갈등은 더욱 짙어져 갔다.

치유는 회피가 아닌 직면

대학 생활을 하던 중, 스무한 살에 세움으로부터 전화를 받았다. 세움은 고등학생 때 시키지 않은 택배의 발송자에서 종종 발견했던 이름이었다. 상자 안에는 생리대, 소설책, 노트 등 다양한 생필품이 들어 있었다. 만난 적도 없는 이름 모를 누군가의 선물은 꽤 충격적으로 다가왔다. '왜 도와주지? 누가 받는지도 모르면서 뿌듯함을 느끼나? 분명 부유한 사람이겠지. 돈이 아주 많은 사람일 거야'라고 생각했다.

그렇게 생각하다 보면, 내가 마치 아빠 같다는 생각이 들었다. 돈에 집착하고, 이익에 목숨 걸고, 희생을 비효율적인 것으로 생각하는 나는 아빠와 다를 바가 없었다. 나는 주변을 둘러보기보다는 내 이익만을 우선시했으며, 그나마 발휘되는 이타성은 생활기록부를 채우기 위한 가식적인 행위들이었다. 좋은 성적과 함께 학교 선생님께 더 많은 관심을 받았고, 그럴 때마다 내가 다른 친구들보다 우월하다고 생각했다. 이사와 가난으로 위축되었던 자존심을 그렇게라도 지키려고 했다.

하지만 대학에 들어오니 자존심까지 다 무너져 버렸다. 부유한 가정환경과 풍부한 교육 경험을 누려 온 친구들 속에서 경쟁하려고 하니 집안도, 성적도, 그 어떤 것도 내세울 만한 것이 없었다. 나의 부족함을 직면하고 싶지 않아서 하나도 공부하지 않고 시험을 보기도 하고, 무기력한 나머지 생활 패턴이 망가져 한동안 아침 6시에 잠이 들 때도 있었다.

그렇게 무너진 마음에 끌려다니며 학교생활을 하던 중, 세움으로부터 전화가 왔다. 세움에서 '청년자문단'이라는 이름으로 과거 수용자 자녀였거나 현재 수용자 자녀인 20대들을 대상으로 프로젝트를 진행하는 것을 알게 되었다. 이는 수용자 자녀의 인식 개선을 목표로 스스로 활동을 구상하고 실천하는 모임이라고 말해 주었고, 내게 참여할 것을 제안해 주었다.

처음에는 약간의 반발심이 들었다. 이제야 수용자 자녀의 이름에서 완전히 벗어날 수 있다고 생각했는데, 다시 펜을 단단히 쥔 기분이었다. 그리고 내가 정말 수용자 자녀라고 불릴 만큼의 상처를 가졌는지 의문이 들었다. 그 시절을 돌이켜 보면 아빠의 수감은 내게 몇 번의 이사를 할 정도의 영향만 줬다는 생각이 들었다. 오히려 그 경험이 내

학업과 삶에 더 집중하게 했고, 좋은 대학에 들어가게 하는 원동력이 되었다고 생각하기도 했다.

또한 세움을 오가며 활동하는 동안, 내가 수용자 자녀라는 사실을 누군가 알게 되는 가능성이 조금이라도 생기는 것이 싫었다. 아빠의 면회 날마다 거짓말을 하며 아빠를 보러 갔던 것처럼, 이 자문단 모임이 또 다른 거짓말을 낳는 것도 피하고 싶었다.

그러나 불현듯 변하지 않는 아빠와의 관계가 떠올랐다. 나도 모르게 곪아 가던 상처를 발견한 기분이었다. 그것은 단순히 수용자 자녀로서 생긴 상처가 아니라, 어렸을 때부터 가지고 있던 아주 오래된 상처였다. 너무 오랜 시간이 지나 버려 어떻게 치료해야 할지조차 감이 잡히지 않았다.

이 활동이 아빠와의 관계 회복을 도와줄지도 모른다는 생각이 들었다. 더 이상 회피라는 약은 들지 않았다. 이제는 근본적인 해결책이 필요했고, 그 해결책이 무엇인지도 이미 알고 있었다. 직면. 적어도 직면한다면, 이 활동이 아무런 변화를 가져오지 못하더라도 내가 최선을 다했다는 것만은 증명할 수 있을 것 같았다. '그래, 이것도 안 통하면 그냥 이제 그만할래.' 조용히 다짐했다. 그렇게 나는 1년 동안 청년자문단으로 활동했다.

자문단 멤버들은 정말 평범한 사람들이었다. 너무 평범해서 학교나 다른 곳에서 이들을 만났더라면 수용자 자녀임을 알지 못했을 것이다. 우리는 고향도 학교도 달랐지만, 수용자 자녀라는 이름으로 이미 연결되어 있었다. 이들의 다양한 사정을 들어 보면 아빠에게 가정폭력을 당한 이야기, 새아빠의 수감으로 밥을 잘 먹지 못할 정도로 가난했던 이야기, 부모의 수감으로 어린 나이부터 돈을 벌어야 했던 이야기 등 평범한 외형에 비해 결코 흔히 들을 수 없는 이야기였다. 비록서로에 대해 잘 알지는 못하지만, 칠흑 같던 시간을 버텨 내고 아름답게 성장한 이들이 자랑스럽게 느껴졌다.

사랑이 주는 힘

우리는 〈화양연화〉라는 제목으로 전시회를 열었다. 전시회야말로 대중에게 우리의 이야기를 가장 쉽게 전달할 수 있는 통로라고 생각했다. 각자 다양한 스토리를 가진 만큼 글, 그림, 영상, 사진 등 다양한 방법으로 자신의 이야기를 표현했다. 작품을 만드는 과정에서 나는 그간미뤄 두었던 기억들을 조금씩 꺼내 보았다. 그중에서도 깊이 남아 있는 기억 중 하나인 아빠와의 면회를 떠올리며, 나는 시를 썼다.

왜

육하원칙 중 가장 싫어한다
평범하지 않은 행동에는
평범하지 않은 이유가 있으니까

치부를 드러내기 쉬운 질문이다
학교를 왜 빠지는지에
나는 '면회'라는 두 글자를 말할 수 없다

대답하기에 쉬운 질문이기도 하다
진부한 이유로 거짓말을 하면
사람들은 더 이상 관심을 갖지 않으니까

거짓의 평범함이
나의 진실을 먹어 버렸다
그렇게 목 끝까지 차오른 아빠를
나는 꿀꺽 삼켜 버렸다

당신의 물음표가

나의 대답을

나의 진실을

나의 아빠를

삼켜 버렸다

　평일에 아빠를 보러 면회를 갈 때면 종종 학교를 빠져야 했다. 갑작스러운 결석에 친구들은 "왜 결석해? 어디가?"라고 물어봤고, 그때마다 나는 거짓말을 하거나 두루뭉술 둘러대곤 했다. 그 순간 친구들의 단순한 호기심이, 결석의 이유를 물어보는 '왜'라는 한 글자가 나의 속을 쩍 갈라 버리는 칼처럼 느껴졌다.

　거짓말을 하거나 침묵할 때면 알 수 없는 죄책감이 들었다. 누군가를 속인다는 행위 자체로부터 비롯된 죄책감을 넘어, 아빠를 말할 수 없는 것이 아빠의 존재 자체를 부인하는 것 같았다. 거짓말을 위한 침묵은 마치 아빠를 꿀꺽 삼켜 버리는 것처럼 느껴졌다. 원하지 않는 거짓말을 하면서, 아빠를 향한 마음이 결코 부정적인 것만은 아니었음을 알게 되었다. 그 마음은 혐오보다 투정, 증오보다 미움이었음을.

　과거를 직면하고 이를 작품으로까지 표현하는 과정이 쉽지 않았지만, 결국 해낼 수 있었던 것은 사람 덕분이었다. 특히 세움은 어디서부터 시작해야 할지도 모르는 이 문제를 부담 없이 다가갈 수 있게 해 주었다. 매달 세움 사무실을 갈 때면 선생님들과 친구들의 호탕한 웃음, 진심 어린 경청, 뜨거운 눈물을 통해 진정한 공감을 경험했고, 수용자 자녀였던 나도 귀한 존재임을 깨달았다. 세상이 좋아하는 모범생이 아닌, 수용자 자녀였던 나도 사랑받을 수 있음을 알게 되었다.

또한 세움의 무조건적인 응원은 우리의 전시를 완성하게 한 큰 요인 중 하나였다. 미술에 대해 아무런 지식도 갖추지 않은 내가 전시회를 하다니 처음엔 뜬구름 잡는 소리처럼 들렸다. 그러나 세움 선생님들은 늘 우리에게 "너무 멋지다", "어쩜 이리 잘해?"라는 말을 해 주었고, 쑥스러운 마음이 들 정도의 넉넉하고 끝없는 칭찬은 내게 어린아이와 같은 용기를 갖게 했다. 그래서 수용자 자녀 시절을 천천히 들여다보고, 아빠와의 관계를 다시 정립하고, 상처를 발견하면 맘껏 울어보기도 하고, 너무 과하게 해석했다 싶으면 친구들에게 조언을 구하기도 했다.

그렇게 과거를 사람들과 함께 직면하니 사실은 하나의 점에서 시작되었던 것을 알게 되었다. 그냥 수용자 자녀라는 한철의 이름. 생각보다 별거 아닌, 이제는 시선을 거두어도 되는 어린 시절의 기억. 오히

기다려 준 선생님들과 자문단 친구들이 없었다면,
수용자 자녀라는 과거는 여전히 나를 괴롭혔을지도 모른다.
이들 덕분에 과거에서 벗어나
현재의 점과 선을 그려 보고 싶은 마음을 가지게 되었다.

려 상처를 직면하니 나는 펜을 놓을 수 있었다. 이 과정을 천천히 기다려 준 선생님들과 자문단 친구들이 없었다면, 수용자 자녀라는 과거는 여전히 나를 괴롭혔을지도 모른다. 이들 덕분에 과거에서 벗어나 현재의 점과 선을 그려 보고 싶은 마음을 가지게 되었다.

아빠와 엄마가 별거를 시작한 이후, 나는 가끔 아빠와 만나서 밥을 먹었다. 아빠가 먼저 연락을 주면 일종의 의무감과 함께 만났다. 그러나 전시회를 하고 나서 아빠를 향한 마음이 달라진 것 같았다.

전시 이후 아빠와 파스타를 먹던 어느 날, 내 앞에 전혀 다른 사람이 앉아 있다는 느낌을 받은 적이 있었다. 아빠는 변해 있었다. 내 숟가락과 젓가락을 먼저 챙겨 줬고, 음식을 나에게 먼저 떠 주었다. 내게 원하지 않는 진로를 강요하지도 않았고, 나의 휴학도 응원해 주었다. 더 멋진 미래의 나보다 지금 눈앞에 있는 나를 사랑해 주었다. 또한 아빠는 부와 명예보다 하나님의 영광을 더 우선시했다. 우리 대화의 주제는 미래보다는 현재, 세상의 가치보다는 삶의 본질이 되었다. 아빠와의 대화가 재밌을 수 있다는 것을 처음으로 느낀 날이었다.

그 후로 나는 아빠를 조금씩 이해하게 되었다. 사실 변하지 않은 것은 아빠가 아니라 나였음을 깨달았다. 나는 여전히 아빠가 수감되었던 중학생 시절에 멈춰 있었다. 우리 사이를 가로막고 있던 것은 변하지

않은 아빠가 아니라, 아빠는 결코 변하지 않을 것이라는 나의 편견이
었다. 그 편견은 점에서 선으로 이어져 지금까지도 우리의 관계를 갈
라놓고 있었다.

나는 눈물과 함께 아빠에게 미안한 마음을 고백했다. 그리고 나 또
한 아빠를 향한 시선을 바꾸기로 다짐했다. 이해한다는 것은 어쩌면
사랑의 또 다른 이름일지도 모른다는 생각이 들었다.

나는 이제 아저씨가 아닌 아빠로 본다. 그 누구보다 연이 깊은 나의
아버지, 내 얼굴에서 쉽게 발견할 수 있는 나의 육친. 이제는 아빠가
무엇을 먹는지, 뭘 하고 다니는지 궁금하다. 나는 더 이상 아빠를 삼키
지 않는다. 아빠가 우리 아빠라고, 나는 아빠의 딸이라고 자랑스럽게
말할 수 있다.

어제의 점을 넘어 내일의 여백으로

"이름이 뭐가 중요할까요? 우리가 장미를 어떻게 부르든 이름이 무엇
이든 그 향기는 달콤할 거예요." _셰익스피어

전시회에서 나는 내 이름을 가리지 않았다. 내 이름으로 작품을 만

들었고 이를 대중에게 선보였다. 나는 더 이상 과거에 갇혀 현재까지도 수용자 자녀라는 이름을 어려워하고 부끄러워하는 아이가 아닌, 이제는 그 이름을 그림으로도, 글로도 표현할 수 있게 되었다. 더 이상 나에게 이름은 중요하지 않다. 내가 어떤 이름으로 불리든 나의 향기는 이미 달콤하기에.

나는 이제 수용자 자녀의 선을 그리지 않는다. 그 시절은 저 먼 과거의 일, 현재에 영향을 주지 않는 일에 불과하다. 어제 아이스크림을 먹은 것처럼, 작년에 물놀이를 갔다 온 것처럼, 너무 지나치게 동정하지 않아도 되는 그냥 한철의 기억과 경험. 심지어는 지금의 나를 더 강인하게 만들어 준 자랑스러운 이름이라는 생각도 들었다. 지금의 단단한 나를 만들어 낸 초석이었던 그 이름에게 고마운 마음이 들었다.

과거의 점과 선을 부정하자는 것이 아니다. 아빠의 부재를 겪었던 중학생의 내가 있었기에, 나는 고통을 감내하는 맷집을 기를 수 있었다. 또한 조금은 이기적이었던 열아홉 살의 내가 있었기에, 지금의 이타적이려고 노력하는 스물세 살이 살아 숨 쉬고 있다.

고통의 점과 슬픔의 선은 사라지지 않는다. 이는 오늘을 살아갈 수 있게 하는 굳은살이 되어 당신을 묵묵히 응원하고 있다. 당신은 좋은 경험으로만 정의될 수 없다. 당신은 모든 경험의 총합이니까. 하지만 과거는 과거로 두어도 괜찮다. 과거의 점에서 펜을 떼지 못한 채 오늘의 새로운 점을 포기하지 않았으면 좋겠다. 당신에게는 아름다운 점과 선을 그릴 내일의 새로운 여백이 있으니까.

물론 이러한 과정에서 고통스러운 순간들도 있었지만, 그럴 때마다 나는 기도했다. 그리고 내가 어떤 모습이든 나를 사랑해 주시는 하나님께 감사하다고 고백했다. 스스로가 한심하게 느껴졌던 어제도, 조금은 투덜거렸던 오늘도, 하나님은 매 순간 나를 사랑하고 계셨다. 이러한 주님의 무조건적인 사랑은 내가 어떤 모습이든 귀한 존재임을 깨닫게 했다.

귀한 나에게 아름다운 점과 선을 선물해 주고 싶었다. 그래서 오늘은 어제보다 더 건강하게 밥을 먹고, 어제보다 열 걸음 더 걸으면서 나를 소중히 대했다. 과거의 점과 선으로 가득 채워진 종이보다, 하나님께서 매일 새롭게 펼쳐 주시는 여백에 감사하며 오늘을 채워 나갈 수 있었다.

모태 신앙인 나는 어렸을 때부터 교회에서 같이 자라며 알고 지낸 친구들이 있다. 친구들은 내가 가난해서 이사를 가도, 수용자 자녀가 되어도, 스트레스로 인해 살이 많이 쪄도, 나를 똑같이 대해 줬다. 친구들의 일관적인 태도는 수용자 자녀가 되기 전후의 내가 같은 존재임을 알게 했다. 수용자 자녀임을 말해도, 전시회에 초대해서 나의 아픔을 보여 줘도, 나를 질리도록 응원해 줬다.

친구들의 무조건적인 응원을 통해 나는 그들의 다정함이 만들어 낸 산물임을 알게 되었다. 사람들의 변치 않는 다정을 통해 과거의 부족한 나를 토닥일 수 있었고, 오늘의 멋진 나를 인정해 줄 수 있었다. 결국 나는 모든 모습의 나를 좋아하게 되었다.

이제 과거에 매여 살지 않는다. 과거의 수용자 자녀를 사랑하고, 현재의 나는 누구인지 사색하고, 내일은 무엇을 할지 계획을 세운다. 나는 더 이상 큰 집만을 열망하는 초등학생이 아니며, 아빠를 외면하고 무관심했던 중학생이 아니다. 또한 공부와 성취만을 우선시하는 이기적인 고등학생이 아니며, 타인과의 비교로 주눅 드는 스무 살이 아니다. 어제의 나는 오늘의 나를 결정할 수 없다. 수용자 자녀였던 과거가 미래의 나를 한정할 수 없다.

이 말이 당신에게 와닿지 않더라도 괜찮다. 그냥 이 글을 읽고 있는 당신이 바로 지금의 호흡을 느꼈으면 좋겠다. 깊은 심호흡과 함께 현재에 살아 있음을 느끼길 바란다. 나는 당신의 호흡을 응원한다.

가끔 힘에 부칠 때, 주변에 있는 사람들에게 손을 내밀면 좋겠다. 가족, 친구, 그리고 속는 셈 치고 기도해 봐도 좋다. 주변엔 당신을 도와줄 사람들이 분명히 있고, 당신의 기도를 듣는 분이 계신다. 그들을 맘껏 의지했으면 좋겠고, 이 글도 당신에게 도움이 될 수 있으면 좋겠다. 그렇게 살아가며 당신이 과거를 끌어안고, 현재를 또다시 사랑하고, 미래를 한없이 기대하길 바란다.

★ 지온 : 세움 청년자문단 4기. 영어교육을 전공하고 있다. 교사로서 지혜로운 온기, 따뜻한 배움을 주고자 하는 비전을 가지고 있다.

ESSAY 5 | 자화상 | 다원

자화상이란

자신을 그린

초상화를 말한다.

단순히 정지된 외모를 묘사하는 것뿐만 아니라 화가의 내면, 감정, 생각 등 다양한 요소를 담아낸다. 누군가는 실사에 가장 흡사한 그림을 잘 그린 그림이라고 하고, 누군가는 다양한 해석과 감정이 느껴지는 그림이 잘 그린 그림이라고 한다.

"다원아, 당근을 묘사할 때 당근 주름과 상처들도 그려야지."

"별론데… 굳이 꼭 그려야 하나요?"

"정밀 묘사니까 있는 그대로를 표현해야지. 당근의 예쁘지 않은 모습도 당근만의 특징이니까 그림에 담아 줘야지."

"……."

누가 뭐라 해도 내가 그린 예쁘고 완벽한 과일들이 더 좋았다. 주름과 상처가 없는 매끈한 당근, 갈색 반점이 없는 샛노란 바나나, 그리고 기계로 찍어 낸 듯한 형태를 띤 사과! 나는 아무리 정밀 묘사라고 해도 그리고 싶지 않은 허점과 결점을 그림으로 남기고 싶지 않았다. 선생님은 내 그림을 유심히 보면서 그리 흡족한 표정은 아니었으나 잘했다고 칭찬해 주었다.

나는 틀에 박히지 않은 것을 즐기는 편이었다. 일상에서 자연스레 많은 걸 보여 주고 다양하게 경험하길 원하던 부모님 덕분이었다. 갑작스럽고 단기간에 이루어졌던 잦은 이사도 그렇고, 해외 유학 경험도 남달랐다. 중학교 3학년이 되기 전까지 한 지역에서 한 학교를 길게 다녀 본 적이 없었다. 짧으면 2년, 길면 4년. 그 변화들은 부모님의 준비된 보호 아래 꾸려진 환경이었고 분위기여서 두려움이나 불안보다 매번 설레었다.

내겐 남부럽지 않은 소중한 경험들이었다. 이사와 전학이 반복되며 새로운 환경에 적응해야 했지만, 혼란스럽다고 느끼지는 않았다.

그 상황을 어렵지 않게 잘 적응했다. 때로는 남자아이들 못지않은 활발한 성격에 많이 다치기도 했지만 내색하지 않는 편이었다. 여기저기 긁힌 상처가 생길 때마다 쓰라리고 아파도 잘 견뎌 냈다.

사랑을 선택한 나

나는 욕심이 가득한 아이였다. 그러나 동생이 세 명인 나에겐 내가 독차지하는 상황이 절대적으로 허락되지 않았고 오히려 내가 양보해 주고 나눠야 하는 상황들이 요구되었다.

"다원이는 언니잖아. 동생들을 먼저 잘 챙겨야지."

"첫째의 자리는 그런 거야. 양보해 주고 참아 주어야지."

내가 선택하지 않은 상황에 따라 주어지는 나의 역할이 달갑지 않았다. 그런 상황이 반복될 때마다 난 때리고 소리 지르지 못해 못된 말을 뱉기 시작했던 것 같다. 처음에는 후련하면서도 무서웠다. 나를 나쁜 아이로 볼까 봐. 하지만 점차 누군가를 아프게 한다는 죄책감보다 나의 후련함이 더 우선시되면서 문제의 불씨는 걷잡을 수 없이 커졌다. 그 당시 나를 타이르기 위해 엄마가 자주 하던 말이 있다.

"말로 주는 상처는 그 어떠한 상처보다 고통스럽고 아픈 거야. 그 예쁘고 귀여운 입에서 자꾸만 누군가를 상처 내는 말을 해서 엄마는 걱정이야."

고치려 하지 않았다. 오히려 나의 입은 점점 더 험하고 날카로워졌다. 유치원 친구들이 나랑 싸우다 울어서 선생님께 혼난 일도 생겼고, 엄마가 나에게 상처를 받아 눈물을 흘리기도 했다. 나의 험한 말에 상처를 입고는 가장 가까운 사람들마저 떠나는 상황까지 생겼다.

어린 나는 그제야 문제의 심각성을 인지했고 새로운 말하기 습관이 생겼다. 입에서 바로 내뱉는 대신 그 말들을 머리로 가져가 먼저 생각하고 다시 입술로 눠주며 말하기 시작했다. 그로 인해 가끔 말을 더듬고 대답이 늦는 경우가 있지만, 덕분에 험하고 날카로운 말들을 뱉던 입이 점차 부드러워졌다. 엄마의 걱정이 담긴 잔소리와 꾸중은 잦아들었고, 내 주변 사람들은 변한 나의 모습을 좋아하며 내 곁에 있기를 원했다.

그때부터 사람들이 좋아하는 '나'를 만들어 가고 있었다. 상대가 원하는 대답을 해 주고, 듣기 좋은 말들을 해 주며 웃음을 주는 사람이 되어 갔다. 친구들을 잘 챙겨 주고 분위기를 좋게 풀어 주는 분위기 메이커가 되었다. 사람들이 원하는 말과 행동을 해 주고 그들의 행복을 내 행복으로 여기며, 이전에 욕심쟁이였던 나를 '아낌없이 주는 나무'로 만들었다.

밝고 알록달록한 색으로 그리기 시작했다.
내 그림을 좋아할 수 있게, 다시 보고 싶을 정도로
정성 들여 나 자신을 꾸며 그렸다.
사람들이 좋아하는 나, 이러한 내가 좋았다.

어쩌면 난 욕심을 포기할 만큼 사랑이 고픈 아이였나 보다. 그러기 위해 내 자신을 밝고 알록달록한 색으로 그리기 시작했다. 모두가 내 그림을 좋아할 수 있게, 다시 보고 싶을 정도로 정성 들여 나 자신을 꾸며 그렸다. 사람들이 좋아하는 나, 이러한 내가 좋았다.

화장대의 흰 봉투

평소에 보기 힘들었던 흰 편지가 엄마 화장대에서 발견되었다. 처음엔 전기나 수도 요금 고지서인가 했는데, 글씨들을 손으로 눌러 담은 종이의 뒷면을 보고 손 편지임을 확인했다. 이상하게도 날이 갈수록 너무 꾸준히 편지들이 날아왔고, 엄마는 그 편지에 대해서 아무런 말을 하지 않아 점차 궁금증이 커졌다.

하루는 엄마 화장대에 테이프로 밀봉이 된 흰 봉투가 있었다. 여태 열려 있던 편지들과 다르게 유독 밀봉되어 있는 편지 봉투는 그 안을 궁금하게 만들었다. 아직 개봉하지 않은 편지 같았다. 난 너무나도 궁금한 나머지 봉투를 집어 들어서 보낸 주소와 보낸 이를 확인했다. 제일 후회되는 행동이었다.

보낸 이는 다른 사람이 아닌 아빠였고, 주소는 서울구치소였다. 드라마에서 누군가 충격을 받을 때 갑자기 털썩하고 앉아 버리는 연기가 이해됐다. 정말 갑작스러운 식은땀과 함께 심장이 그 어느 때보다 빠르게 뛰었고, 다리에 힘이 빠져 뒷벽에 부딪히듯이 기댔다. 여태 엄마 화장대에 올려져 있던 편지들은 서울구치소에서 보낸 아빠의 편지였다. 그 당시 난 중학교 3학년이었고, 엄청난 충격과 함께 이 소식을 곧바로 알려 주지 않았던 엄마에 대한 실망감이 밀려왔다.

아빠가 장난식으로 물어봤던 질문이 하나 생각났다.

"아빠가 만약에 돈을 3백억 정도 크게 버는 대신 감옥에 가거나, 돈을 다 잃어버리는 대신 너희 곁에 있게 되거나…. 둘 중 하나를 선택해야 한다면 아빠가 어떤 선택을 했으면 좋겠어?"

그 당시 나의 대답은 돈을 다 잃어버려도 우리와 함께해 달라고 했다. 하지만 아빠는 허허 웃으며 "근데 감옥에는 아주 잠깐만 있어도 된다면?"이라고 말하며 되물었다. 우린 또다시 우리 곁에 있어 달라고 대답했다. 우리의 기대와 다르게 아빠는 우리 곁을 잠시 떠나야 하는 전자를 선택한 것이다.

하지만 예상과는 다르게 재벌 그룹과의 불리한 싸움을 해야 했던 아빠는 2년, 3년이 지나도 우리 곁으로 돌아오지 않았다. 아빠가 되찾고자 하는 3백억도 재판과 함께 점점 더 멀어져 갔다. 돈은 점점 줄어들고 빚은 늘어나는데 아빠의 출소는 정해질 기미가 보이지 않았다.

엄마는 집에 있던 명품 가방들과 신발 등 돈이 되는 모든 걸 팔아 빚과 생활비로 충당하게 되었고, 시간이 흐르면서 성장해 가는 우리의 모습과는 반대로 점점 좁은 집으로 이사를 갔다.

부모님께 자랑하고 싶었던 '예쁘고 완벽한 자화상'이 갑작스러운 사고로 인해 바닥에 엎어진 것만 같았다. 아직 그림이 마르지 않아 먼지와 물감으로 엉망이었다. 모든 일이 어떻게 돌아가는지 혼란이 왔고, 이 모든 일에 대한 엄청난 궁금증과 배신감으로 엄마의 얼굴을 보기가 힘들었다. 하지만 난 아무렇지도 않게 엄마의 화장대에서 발길을 옮겼고, 언젠간 모두에게 자랑하고 싶었던 나의 자화상을 다시 하얗게 덮어 버리기 시작했다.

흑백 자화상

새장에 갇힌 새는 봄이 오면 자신이 가야 할 길이 어딘가에 있다는 걸 감각적으로 안다. 해야 할 일이 있다는 것도 잘 안다. 단지 실행할 수 없을 뿐이다. _『반고흐, 영혼의 편지』 24쪽

난 문제를 풀었을 때 답이 하나뿐인 문제가 싫었다. 내가 생각하는

답도 정답이 될 수 있다는 생각을 자꾸만 하게 된다. 수학에 재미를 붙일 수 없었던 가장 큰 이유도 왜?를 설명할 수 없었기 때문이다. 왜 이러한 답이 나오는지 물어보면 항상 그들은 대답했다. "그게 답이니까. 답지에 그렇게 표시되어 있으니까." 나는 그 말을 이해할 수 없었고, 이해하기 싫었다.

난 공부보단 예체능이 좋았다. 음악을 할 땐 악기들이 내는 소리가 아름다웠고, 그 소리를 낼 수 있게 되는 과정과 자유롭게 연주하는 모습이 아름답게 느껴졌다. 체육을 할 땐 친하지도 않은 사람들과 함께 땀 흘리며 협동하는 것이 즐거웠다. 특히 미술을 할 땐 정해진 답이 없어서 정말 좋았다. 미술은 나에게 가장 알록달록하고 자유로워질 수 있는 순간이었다.

유학 중 다녔던 국제 학교는 이러한 자유로운 활동을 적극적으로 지도해 주었다. 아이들에게 자신이 원하고 각자 하고 싶어 하는 활동을 마음껏 즐길 수 있는 교육 환경을 제공해 주었다. 난 부모님 덕분에 이러한 환경에서 5~6년의 세월을 보내서인지 창의적이고 자유로운 활동을 좋아하게 되었다.

하지만 아빠의 수감 이후로 갑작스럽게 어려워진 우리 집 경제 상황은 국제 학교에서의 경험을 마무리 짓게 했고, 나는 중학교 3학년 때

일반 중학교로 보내졌다. 유난히 더위가 가득하던 날, 입학 상담을 하러 엄마와 함께 전학 갈 학교의 교무실을 찾아갔다. 선생님이 나를 보자마자 웃는 얼굴로 내 머리끝을 쓰다듬는 듯하며 말했다.

"다원이 머리 너무 예쁘지만, 여긴 이 색으로 오면 안 되는 거 알지? 개학할 때 검은 머리로 보자."

머리끝의 조금 밝은 갈색을 보며 하는 이야기였다. 티는 내지 않았지만 정말 싫었다. 왜 머리카락 색이 학교생활에 영향을 주는지, 왜 굳이 흰 운동화 또는 실내화를 신어야 하는지, 그리고 교복 안에는 하얀색 무지 티셔츠만 입을 수 있는지…. 질문을 해도 누구 하나 명쾌한 답을 내놓지 않았지만, 모두가 따라야 하는 교칙에 대해 그저 따를 뿐이었다. 이유가 없는 강요는 정말 싫었다.

나는 당장 맞춤법과 띄어쓰기조차 힘겨워진 국어 실력으로 국내 대학에 들어가야 했다. 말도 안 되는 상황이지만 나에겐 다른 선택지가 없었다. 가장 심각한 수학 성적이 반영되지 않는 예체능을 선택할 수밖에 없었고, 선택한 미술도 결국엔 예술적 활동이 없다고 볼 수 있는 그저 대학 합격을 위한 수단이었다. 내가 그리고 싶은 그림과 작품을 마음껏 그리는 것이 아니었다. 정해진 종이 절지에 정해진 시간에 그림을 완성해 내야 하는 입시 미술을 해야 했다.

엄마에겐 책임져야 할 아이들이 너무 많았고, 그 사실을 잘 알고 있는 나는 하고 싶은 것을 편하게 말할 수 있는 상황이 아니었다. 돈 때문일까? 아빠의 수감 때문일까? 누구의 탓도 하고 싶지 않았지만 정해진 틀에 갇힌 나의 상황이 너무 싫었다. 이렇게 부정적으로 생각하는 내가 문제인 것인지…. 시간이 지날수록 많은 고민과 생각들이, 내가 원하는 색깔을 자유롭게 쓰지 못하는 상황들이 날 옥죄어 왔다. 돈이 없는 상황에 내가 대학을 가기 위해 학원비와 재료비가 많이 드는 입시 미술을 해야 한다는 사실이 죄송스러웠을 뿐이다.

나는 머리를 검게 덮으며 많은 생각을 하게 되었다. 차라리 그림에 경험도 없고 재능도 없었으면 이러한 비싼 꿈도 꾸지 않았을 텐데…. 염색하는 내내 하염없이 스스로 자책하며 채도 하나 없는 시커먼 머리로 미용실을 걸어 나왔다.

소녀 가장 Boss baby

집안 경제 상황이 정말 안 좋았지만, 난 대학에 입학하기 위해 미술학원을 보내 달라고 했다. 무엇보다 빨리 성인이 되어 집안 경제 상황을 적극적으로 돕고 싶다는 생각뿐이었다. 생활비 걱정에 쉽게 결정을 못 하던 엄마를 위해 난 미술학원을 찾는 동시에 아르바이트도 알아보았다.

중학교 3학년이 할 수 있는 아르바이트는 극히 드물었다. 나이 제한이 없는 곳에 아무리 지원해도, 나이를 밝힌 이후에 면접을 보러 오라고 한 곳은 거의 없었다. 한 곳 빼고는. 대형마트 옆에 있던 뷔페식 레스토랑에서 면접을 보러 오라고 했고, 주말 주방 오픈 말고는 지원할 수 있는 곳이 없다고 했다. 하지만 아르바이트를 할 수 있다는 사실에 너무 기쁜 나머지 무조건 열심히 하겠다고 했다.

난 그렇게 주말마다 새벽 6시에 일어나 7시 50분까지 출근해서 4시에 퇴근하는 아르바이트를 시작하게 되었다. 일곱 시간 내내 주방에서 젖은 손으로 일을 하다 보니 날카로운 식기 도구들에 베이고 음식 재료 포장지에 긁히는 일이 많아서 3개월 내내 내 손은 밴드와 상처로 가득했다. 아무리 체력이 팔팔한 청소년이라고 해도 매번 아르바이트가 끝나면 집에 와서 기절하는 게 일상이었다.

하지만 부족한 형편에 엄마에게 용돈을 달라는 말을 안 해도 되고, 내가 번 돈을 내가 자유롭게 사용할 수 있다는 점에 만족했다. 조금이라도 부모님의 부담을 덜 수 있다는 사실이 뿌듯했다. 학교에서는 매번 미술학원을 가기 위해 조퇴하는 나를 아니꼽게 보았고, 미술학원에서는 특강을 듣지 않고 아르바이트를 가는 나를 이해하지 못했지만,

엄마만큼은 이러한 나를 기특하게 봐 주었다. 학업, 돈, 가족. 이 모든 걸 포기할 수 없었던 나에겐 그게 최선이었다.

그렇게 다양한 사회생활을 하다 보니 불현듯 아빠가 가장으로서 짊어졌을 무게가 엄청났을 것 같다는 생각이 들었다. 왜 아빠가 우리와의 시간보다 일하는 시간이 더 많았는지도 조금은 이해가 됐다. 가장으로서 아빠의 부담감과 육아로 희생된 엄마의 삶은, 그 무엇으로도 보상할 수 없을 것만 같았다. 나를 낳아 지금껏 길러 준 보답을 해야 할 것만 같았다.

그러던 중, 고등학교 3학년이 되는 봄방학에 나의 인생이 달라질 뻔한 사건이 있었다. 엄마가 조심스레 말했다.

"다원아, 미술학원을 한… 5월까지만 쉴까…?"

고등학교 3학년 진학을 앞두고 봄방학에 진행되는 미술학원 특강은 실력을 기르기 위한 정말 중요한 기회였다. 난 집안의 경제 상황을 알고 있기에 고집을 부릴 수 없었다. 하지만 감사하게도 나에게 인복이 따랐다. 학원 원장님이 누구보다 먼저 우리 집 상황을 눈치채고 배려해 주었다.

"중요한 시기에 너의 의지가 아닌 이유로 포기하지 말았으면 좋겠다. 우선 돈 걱정은 말고 열심히 그림 그리고 대학 가자."

항상 무뚝뚝하고 엄격했던 원장님이 나의 미래를 응원해 주며 학원비를 이자 없이 외상을 해 주었다. 그 덕분에 여기까지 올 수 있었던 것 같다. 아무리 미성년자가 아르바이트를 열심히 한다고 해도 1~2백만 원씩 불어나는 미술학원 학원비를 충당할 만큼의 금액은 아니었기에 원장님의 배려가 아니었으면 지금쯤 다른 진로에서 허덕이고 있었을 내 모습이 그려졌다. 숨 쉴 구멍이 없던 유리병의 뚜껑이 조금은 열린 듯했다.

학원비를 외상으로 해 준 원장님, 아빠가 없는 우리를 묵묵히 지켜주던 엄마, 홀로 수감 중 이길 수 없는 재판을 매번 준비하는 아빠, 그리고 이 모든 상황을 아는 듯한 동생들. 이 모두를 만족시킬 수 있는 미래를 그리고 싶었다. 정말 열심히 그림을 그리고 공부를 했던 것 같다. 누구도 강요하지 않았지만, 나에겐 너무나도 무거운 부담감이 있었다. 왜 그렇게 불안하고 무서웠을까? 알 수 없는 부담감과 초조함이 나를 괴롭혔다.

분명 죽기 살기로 했던 것 같은데 나의 입시 결과는 처참했다. 억울하고 화가 났지만, 모두의 기대를 충족시키지 못했다는 사실에 얼굴을 들 수 없었다. 결과를 확인한 원장님은 조심스럽게 재수를 생각해 보라고 했고, 그 저녁에 화장대에 서 있는 엄마 앞에서 처음으로 눈물을 쏟았다. 정말 죄송하고 잘못했다고 엉엉 울었다.

집안 사정을 너무나도 잘 아는 나는 도저히 엄마 앞에서 재수해야 할 것 같다는 말이 나오지 않아 나보다 작아진 엄마 품에 안겨 한참을 울기만 했다. 엄마는 날 계속해서 위로해 주고 달래 주면서 재수하고 싶으면 하고 다른 걸 하고 싶으면 다른 걸 시작해도 좋다고 해 주었다. 난 너무 죄송했지만, 좀 더 다양한 미래를 그리기 위해 재수를 하고 싶다고 했다. 정말 나쁜 딸인 것 같았다.

> 나는 지금 내가 선택한 길을 계속 가야 한다. 아무것도 하지 않는다면, 아무것도 공부하지 않고 노력을 멈춘다면, 나는 패배하고 만다. 묵묵히 한 길을 가면 무언가 얻는다는 게 내 생각이다. _『반고흐, 영혼의 편지』 20쪽

만족스럽진 않지만, 힘든 재수 끝에 합격을 한 대학에 입학하기로 했다. 더 이상 학원비로의 지출은 힘들었고, 나도 2년 동안의 입시를 더 길게 끌고 싶지 않았다. 대학에 들어온 후에는 아쉬운 결과만큼 학업에 정말 최선을 다했다. 출석, 과제, 교수님들과의 교류, 선후배들과의 교류, 모든 부분에 신경을 쓰지 않은 곳이 없었다. 덕분에 과탑도

해 보고, 다니고 있던 미술학원에서 보조강사로 일을 하면서 학생들을 가르칠 수 있었다.

대학에서 만난 사람들이 이야기하는 나의 첫인상은 모범생 엄친딸이었다. 난생처음 들어 보는 첫인상이지만 정말 마음에 들었고 한편으론 안심이 됐다. 또한 대외 활동으로 세움 기관에서 주최하는 청년자문단 활동을 시작했다. 남동생을 통해 알게 된 기관이었는데, 아무래도 수용자 자녀들이 모여서 활동한다는 사실 때문에 처음에는 조금 망설였었다.

하지만 걱정과 다르게 나의 청년자문단 2기 활동은 너무나도 수월했다. 착하고 속이 싶은 사람들과 함께 각자 수감자 자녀로서의 경험과 감정을 다양한 방법으로 표현하는 활동을 했다. 수용자 자녀들의 경험을 모아 그림일기를 담은 스토리 캘린더, 웹툰, 그리고 전시회까지. 누구와도 나눌 수 없었던 부분을 공통점으로 공유한 아이들과 함께하는 활동이 생각보다 재미있다고 느껴졌다.

그렇게 과탑, 아르바이트, 그리고 세움 활동을 이어 가며 매일 성취감으로 바쁘게 살아가던 중, 2023년 8월 12일 드디어 아빠가 우리 곁으로 돌아왔다. 중학생이던 딸들은 20대 초반, 초등학생이던 아들 둘은 갓 성인이 되고 고3 수험생이 되어 아빠를 마주했다. 아빠의 다둥이

육아는 출소와 함께 끝이 나 있었다.

귀를 자른 고흐의 자화상

고흐는 정신적으로 큰 고통을 겪으며 고갱과의 갈등 끝에 자신의 왼쪽 귀를 자르고, 그 당시의 모습을 자화상에 그려 냈다. 극심한 정신적 고통과 절망을 그림에 담는 과정이 얼마나 고통스러웠을까.

아빠가 돌아오면서 마치 긴 마라톤의 결승선이 보이는 듯했다. 나에겐 두 가지 간절한 목표가 있었다. 첫째, 아빠가 돌아오기 전까지 우리 가족이 무너지지 않고 아빠를 마주할 수 있게 되는 것. 둘째, 아빠가 돌아온 후에 모두 함께 웃으며 보냈던 6인 가족의 행복한 시간을 다시 함께 누리는 것. 이 두 목표를 꼭 이루고자 하는 로망이 있었다. 아빠는 아빠만큼 자라 있는 우리에게 조금은 어색해 보였고 우리 또한 아빠를 어떻게 대해야 하는지 서툴렀지만, 다시 모였다는 사실에 모두가 안도하고 있었다.

아빠는 돌아오자마자 하고자 했던 사업과 명예 회복에 대한 열정으로 가득했다. 매일 밤을 새우며 돈을 벌 수 있는 사업을 시작하였다. 가족들도 각자의 삶이 바빠져서 서로의 생일이 아니면 무소식이 희소식인 것처럼 지내기 시작했다. 모두가 자기의 삶을 치열하게 살아가고 있다. 그런데 왜 나는 이 상황이 달갑지 않을까?

그토록 바랐던 아빠의 복귀가 예상과 다르게 나를 더욱 외롭고 어둡게 만들어 갔다. 아무것도 하기가 싫었고, 내가 하는 모든 게 의미가 없어 보였다. 무기력한 하루를 또다시 겪는 것이 고통스러워 내일이 오는 것이 싫었다. 잠이 들었다 깨어나 눈에 비치는 햇살이 유독 따갑고 뜨거웠다. 갑작스러운 나의 심리적 변화에 나 또한 적응하기 힘들었고, 나의 모습이 너무나도 미워 보여서 슬펐다. 여태까지 날 위하고 내가 원하던 걸 했는데 왜 이러는 걸까… 의문은 커지고 나 스스로에 대한 대답을 찾지 못해 더욱 괴로워했다.

그저 내가 게을러진 것으로 생각했다. 아빠가 없는 동안 위태로워 보이는 엄마를 지키고 어리광 부리는 동생들을 타이르며 보살폈다. 아빠가 없는 빈자리를 티 내고 싶지 않아서 온갖 거짓말과 말재주로 긴 시간을 버텨 왔고, 더욱 밝은 미래를 그리기 위해 없는 형편에 수시, 정시, 재수까지 모두 견뎌 왔다. 이 모든 상황에 드는 개인 생활비를 내가 직접 벌었다. 나 자신이 기특하다고 생각해도 되지 않을까? 이 모든 것을 성실하게 이뤄 낸 성취감에 기뻐해야 하는데, 왜 난 기쁘지 않은 걸까?

사람들은 말하지. 자기 자신을 아는 것은 어려운 일이라고. 나 역시 그
렇게 생각한다. 자기 자신을 그리는 것 또한 어려운 일이야. 그 자화상
들은 일종의 자기 고백과 같은 것이야. _빈센트 반 고흐

불쌍하다. 딱하다. 마음이 아프다. 내가 나를 방치하고 갉아먹는
시간이 길어질수록 내가 정말 좋아하고 하고 싶은 것이 무엇인지, 앞
으로 뭐가 되고 싶은지, 어렸을 땐 주저 없이 말하던 다양한 직업들이
흐려지고 앞으로의 미래라고 떠올리던 장면들이 검은 물감으로 뒤덮
이고 있었다. 당장 졸업을 앞둔 난 제한 시간이 걸린 폭탄과 가까워지
고 있었고, 시간에 쫓기며 내가 되고 싶은 나를 선택하는 것이 정말 어
려웠다.

처음으로 '나'를 알아 가는 시간이 필요했다. 모두가 바쁘게 그림을
그리는 도중 난 혼자 그들을 보며 다시 새로운 그림을 시작하는 과정
이 고통스러웠다. 마치 내가 실기시험에서 가장 먼저 스케치를 마쳤는
데, 종료 1시간 전 물통에 있는 물을 엎어 새로운 종이를 가져와 급하
게 그림을 다시 시작하는 입시생 같았다.

가장 많은 자화상을 남긴 렘브란트

아무것도 없던 나의 캔버스에는 자유롭게 가볍고 채도 높은 색이 칠해졌다. 하지만 그 위를 하얗게 덮은 후 무겁고 탁한 색만 그 위를 채워 나가기 시작했다. 칙칙한 그림이 마음에 들지 않아 계속해서 검고 어두운 나를 그리던 중 나는 세움에서 청년자문단 3기로 활동하게 되었다. 새로운 환경과 에너지를 느끼고 싶었던 나는 세움으로 걸어가고 있었던 것이다. 스트레스를 받는 이유를 알기 위해 도움을 청하고 싶었고, 매일매일 같은 패턴이 반복되는 생활 속에 새로움이 고팠던 것 같다.

청년자문단 3기에서 우리의 경험을 전시회로 담아 보는 프로젝트를 하게 되었다. 전시회를 꾸며 가는 과정에서 각자의 이야기를 다양한 형태로 자유롭게 작품화하여 자기가 표현하고 싶은 방법으로 마음껏 표현할 수 있었다. 정말 오랜만에 설레고 떨리는 기분이 느껴졌다. 반가웠다.

처음으로 나의 내면을 들여다보며 내가 하고 싶은 이야기를 생각하는 계기가 된 것 같다. 나는 〈소녀 가장〉이라는 그림과 〈어둠 속 빛의 항해〉라는 그림을 그렸다. 소녀 가장 그림은 정장을 입은 아이가 싫다는 듯이 정장 구두를 벗어던지는 그림이다. 아이의 발을 그리면서 새삼 '나도 아이다운 삶을 살았던 순간이 있을까?'라고 생각했다. 내 기억 속에 나는 저렇게 신발을 벗어던져 본 적이 없던 것 같다. 그저 그림이었지만 다양한 해석을 하게 해 주었다. 단 한 번도 생각해 보지 못했던 부분을 건드린 것만 같았다.

유독 애정이 갔고, 그리는 과정에서 여태 쌓여 있던 답답함이 조금씩 풀리는 기분이 들었다. 나도 해소하지 못했던 감정이 있다는 것일까? 나도 어리광을 부리고 싶었고, 하고 싶은 것을 하고 싶다고 고집을 부리고 싶었나 보다. 그저 학생일 때 학생답게 시간을 보내고 싶었던 무의식 속 서러움에 목 놓아 우는 아이가 보이는 듯했다.

오랜 시간 내가 스스로에게 가한 지속적 재촉과 압박은 결국 붓을 떨어트리게 했다. 몇 번이고 다시 일어나서 새로운 그림을 그려 나가던 난 더 이상 일어서 붓을 들 힘이 없었고, 그제야 상처투성이인 팔과 다리를 발견했다.

그림을 더 이상 그리고 싶지 않았다. 처음으로 수업에 빠져 보고, 주어진 과제를 제출하지 않고, 무책임하게 여러 핑계를 대 가며 잦은 아르바이트 결근을 했다. 난생처음 해 보는 나의 일탈이 무서웠지만 뭔가 여태 못 느껴 보았던 '해방감'이라는 감정이 느껴져 신기하고 후련했다.

자연스럽게 방치된 그림에서 변화가 일어나고 있었다. 겹겹이 검은 물감으로 덮어 왔던 감정과 욕구들이 계속해서 각자의 색을 드러내며 벗겨지는 듯했다. 처음에 의도하던 자화상이 점점 의도하지 않은 그림이 되었다. 거부감이 들지 않는 이 상황에 대해 새로운 감정과 해석이 트였다.

아빠도 우리보다 일을 사랑하는 나쁜 아빠가 아닌, 그저 포기하지 않고 꾸준히 이어 왔던 노력과 열정, 결실의 빛을 보고 싶은 절실한 사업가였다는 것을. 엄마도 우리를 위해 살고 우리의 행복이 삶의 전부가 아닌, 여행과 맛집을 찾아다니는 것을 좋아하는 여자였다는 것을. 부모님은 자랑스러운 자식을 둔 부모가 아닌, 우리가 좋아하는 일을 하며 소박해도 후회 없이 삶을 그릴 것을 바랐다.

끊임없이 변화하는 인간의 내면을 탐구하며 자기 성찰에 꾸준했던 렘브란트는 자화상을 통해 스스로에 더 직설적이고 사실적인 자기 성찰적 면모가 두드러지게 표현해 냈다. 섬세한 감정을 포착하여 솔직한 표정과 다양한 빛의 연출로 자신을 다양한 모습으로 기록해 냈다. 이렇게 자신이 원하는 구도와 다양한 표정, 모습으로 하나가 아닌 많은 자화상을 그려 내면 되는 것이었다.

난 단 하나의 완벽한 자화상을 그려 내기 위해 작은 실수도 용납할 수 없었다. 남들과 비교하며 계속해서 덧칠하여 색이 탁해지고 형태가 엇나갔던 것이다. 그냥 여러 자화상을 그려 다양한 나의 이야기를 그려도 되는 것을… 왜 그렇게 스스로 가두고 엄하게 굴었을까.

빈 캔버스를 두려워하지 마라

텅 빈 캔버스 위에 아무것도 없는 것처럼, 삶이 우리 앞에 제시하는 여백에는 아무것도 나타나지 않는다. 삶이 아무리 공허하고 보잘것없어 보이더라도, 아무리 무의미해 보이더라도, 확신과 힘과 열정을 가진 사람은 진리를 알고 있어서 쉽게 패배하지는 않을 것이다. _『반 고흐, 영혼의 편지』 115쪽

고통스럽고 원치 않았던 상황에 매번 부딪히고 다쳐도 씩씩하게 극복해 내야 했지만, 그렇게 만들어진 나의 생존력과 장점들은 지금의 나를 단단하고 빛나는 존재로 그리고 있다고 생각한다.

아무리 과거를 되짚어 본다고 해도 되돌릴 수 있는 것은 아무것도 없다. 현재라는 시간에, 지금의 내가 좋은 일에 웃고, 슬픈 일에 울기에도 한없이 바쁘다. 우리의 삶은 정해진 시간도 없고 정해진 방식도

없기에 끝없는 선택과 결정을 해야 한다. 잠을 자고 일어나는 시간부터 아침에 먹는 메뉴까지, 셀 수 없는 선택을 해야 한다. 당연한 내일은 없기에 사소함에 감사할 수 있게 되었고, 지금 이 순간이 정말 소중하게 느껴진다.

아직 졸업과 취업을 앞둔 마지막 학기 대학생이지만, 내가 하고 싶은 것에 대해 고민하고 내가 좋아하는 것에 시간을 쏟으며 친구와 가족과 연인과 하루하루 후회 없이 살고 있다. 미래에 대한 걱정과 불안감이 아예 없다고 하진 못해도, 이것 또한 경험이고 '내가 되고 싶은 나'로 그려지는 과정일 테니 결국엔 그 과정마저 나의 자화상의 일부인 것이다.

사람들은 예측하지 못하는 미래에 대해 두려움을 느낀다. 삶이 우리 앞에 제시하는 여백에는 아무것도 나타나지 않는 것처럼, 화가들 또한 텅 빈 캔버스를 무서워하기도 한다. 무엇을 그려야 할지, 무엇을 그리던 과연 좋은 작품이 될지… 괜한 걱정과 망설임은 빈 캔버스가 노리는 우리의 약점일 것이다.

그럼에도 나를 믿는 확신과 열정의 힘으로 그려 내자. 나의 개성이 담긴 그림체를 살려 색다른 경험들로 빈 도화지가 꾸며진다면, 결국엔 삶이라는 작품이 완성될 것이다. 지금, 이 순간이 정말 힘들고 고통스럽겠지만, 우리 모두 나다운 자화상을 그려 보자. 때로는 강렬하고 화려한 색채로 고통을 강조해 보고, 굵고 역동적인 붓 터치로 자신의 장점을 강조해 보자. 그림을 이어 갈 수 없을 땐 다양한 각도에서 나를 다시 한 번 관찰해 보자. 그럼에도 힘든 부분은 도와줄 수 있는 사람들이 분명히 존재하니, 홀로 긴 시간을 고통스러워하지 말고 주변을 둘러보자.

미완성일 때의 그림을 보는 것이 가장 밉고 힘들다. 남들의 그림을 자신의 그림과 지나치게 비교해도 현재의 내 그림에 만족감을 느끼기 더욱 힘들어질 것이다. 크고 작은 실수와 어려움을 겪으며 완성했을 때의 성취감과 뿌듯함은 온전히 나의 힘으로 완성했을 때만이 느낄 수 있는 특별한 행복이다.

난 대학 생활이라는 그림을 완성하고 있다. 하지만 취업이라는 그림을 그리기 위해 또다시 빈 캔버스 앞에 서야 한다. 그림을 좋아하는 나조차 빈 캔버스는 두려울 때가 있지만, 그 순간에도 캔버스 앞에 앉아 손을 대어 본다. 그러고 나면 결국 새로운 그림이 또다시 완성된다. 마음에 들지 않는 그림이 그려질지라도 그 또한 과정이고, 결국 자신의 그림이기에 애정을 갖고 마무리 짓기로 하자. 완성된 그림을 통해 다음 그림에 대한 보완점을 확인할 수 있고, 색다른 아이디어가 나올 수 있기 때문이다.

처음 그리는 자신?

어둡고 거친 자신?

잦은 실수로 가득해진 자신?

사랑하는 상대와 함께한 자신?

뭐든 좋다. 그 과정은 누가 뭐래도 의미 있는 순간이고 값진 경험일 테니 고통 속에 오래 갇히지 않길 바란다. 여러분이 완성해 낸 그림은 그 무엇보다 소중할 것이고, 앞으로 그려 낼 그림은 그 무엇보다 빛이 날 것이다. 그림은 그릴수록 느는 법이다. 우리 모두 확신과 열정이 있는 화가가 되어 보자.

★ 다원 : 세움 청년자문단 4기. 순우리말로 모두가 다 사랑하는 사람, 모두가 원하는 사람이라는 뜻이다. 현재 디자인과를 졸업하여 입시 미술학원 선생님으로 활동하고 있다.

ESSAY 6 | 존귀함을 증명하다 | 한아

●

차갑게 식어 버린 치킨

불빛 하나 켜지 않아 깜깜한 거실

유난히 어두웠던 엄마의 표정.

나는 아직도 2017년, 그날의 분위기를 잊지 못한다.

"한아야, 우리 당분간 아빠 못 볼 것 같아…."

엄마가 떨리는 목소리로 첫마디를 내뱉었다. 심장이 쿵쿵 뛰고 어
안이 벙벙해졌다. 사고 회로가 고장난 듯했다. 들어 보니 아빠의 사업
에 문제가 생겨 감옥에 갔다고 했다.

초등학교 6학년, 어린 나이에 '수감'이라는 단어는 낯설 수밖에 없

었다. 뭘 그렇게 잘못했길래 TV에서나 볼 법한 감옥에 간 걸까? 그러면 우리 아빠는 나쁜 사람인가? 여러 가지 질문들이 생겨났다. 그렇지만 엄마에게 어떤 것도 묻지 않기로 했다. 그 어떤 답변도 내 마음을 편하게 해 줄 것 같지 않았기 때문이다.

입안에서 맴돌던 질문들을 가슴속 저 아래로 가라앉게 했다. 이날을 내 평생의 비밀로 하리라 다짐하며 깊이 가라앉은 물음들에 자물쇠를 걸었다. 그 누구보다 가까웠던, 또 한없이 다정했던 아빠의 모습마저 자물쇠로 걸어 잠갔다. 아주 단단하게, 아무도 풀 수 없게.

언제부턴가 부모님의 알 수 없는 침묵은 길어졌고, 직감적으로 불길한 일이 일어나고 있다는 사실을 눈치채고 있었다. 부모님은 오전, 오후, 새벽에 상관없이 바쁘게 일했다. 이제 여행지를 고민하고 휴가를 떠나는 여유는 가당치도 않은 것이 되어 버렸다. 드넓은 집에서 눈을 비비며 일어나 맞이하는 아침도 사라졌다.

엄마는 여동생 둘과 함께 살게 되었고, 아빠는 남동생과 나와 함께 살게 되었다. 어떤 음식이든 원하는 대로 배 터지게 먹을 수 있었는데, 라면이나 토스트 같은 싸고 비슷한 메뉴들이 주식이 되었다. 여름이면 아무 걱정 없이 시원한 방 안에서 쿨쿨 잠을 자던 나와 남동생은, 어떤 불평도 하지 않은 채 땀을 뻘뻘 흘리며 에어컨 없는 여름을 보내야 했다. 아마 이 모든 게 아빠가 사라질 거라는, 너희 집은 점점 더 어려워질 거라는 하나님의 신호였나 보다.

하루아침에 나는 수용자의 자녀가 되었다. 나이 차이가 많이 나는 동생들을 둔, 사 남매의 장녀라는 역할이 주어진 채. 아빠는 엄마와 나, 그리고 어린 동생들을 남겨 두고 사라져 버렸다. 아빠의 죄명은 횡령죄, 사기죄, 배임죄. 간단히 말하자면 부당한 방법으로 이익을 취하고, 타인에게 금전적 손해를 입힌 것이다. 한마디로 경제사범이었다. 아빠가 피해를 끼친 타인에는 엄마 주변 친구들은 물론, 이모와 삼촌 또한 포함되었다.

나와 같은 수용자 자녀는 대부분이 들여다보지 않는 사각지대에 놓여 있기에 그 존재 자체가 누군가에겐 낯설뿐더러, 우리의 삶이 얼마나 치열하고 상처투성이인지 잘 모른다. 누군가는 때때로 편견이라는 눈덩이에 꽁꽁 묻힌 채, 차가운 시선을 주기도 한다. 무거운 자물쇠와 함께 깊이 침수된 나의 이야기를 이제는 풀어 보려 한다.

부재가 남기고 간 것들

찌꺼기. 깊이 배어 있어서 청산되지 않고 남아 있는 것. 나에게 아빠라는 존재가 너무 깊이 배어 있어서일까. 수감으로 인한 아빠의 부재는 찌꺼기를 만들었고, 그것들은 내 삶을 구차하게 만들어 버렸다. 어느 날 엄마는 조용히 나를 방으로 불렀다.

"한아야, 엄마가 너희를 다 먹여 살리기엔 돈이 너무 없어. 내가 너희들을 다른 곳에 잠시 맡겨 두면 안 될까? 대신 엄마가 미친 듯이 일하고, 악착같이 돈 벌게. 그렇게 열심히 모아서 내 새끼들 다시 찾으러 갈게. 3년. 딱 3년만 떨어져서 지내면 안 될까?"

궁핍했던 상황에서, 궁지에 몰린 엄마가 생각해 낸 방안이었다. 쌀 한 톨 살 돈이 없을 정도로 가난했고, 그 가난을 메꾸기 위하여 일에만 매진하는 것은 불가능했다. 엄마의 손길을 필요로 하는 서너 살의 동생들이 있었기 때문이다. 그렇게 사 남매를 가난에 허덕이게 할 바엔 우리를 잠시 다른 곳에 맡기고, 열심히 돈을 모아 다시 찾으러 올 생각이었던 것이다. 싫었다. 미친 듯이 싫었다. 아빠가 사라진 아이에서 엄마마저 없는 아이가 되는 건 끔찍했다.

"엄마, 나 그러면 옥상에서 뛰어내릴 거야. 정말 죽어 버릴 거야."

내가 엄마에게 했던 대답이었다. 또다시 가족의 이별을 경험할 바엔 죽는 게 나을 거 같다는 생각이 들었다. 그 뒤로 엄마는 이별이라는 선택지를 지웠고, 가난하면 가난한 대로 함께하기를 다짐했다.

우리 가족은 이후 원룸으로 이사를 가게 되었다. 엄마가 양팔을 벌린 정도 크기의 주방, 침대 하나조차 들어갈 수 없는 방, 우리들이 누우면 꽉 차 버리는 거실. 그 좁디좁은 곳에서 엄마와 사 남매가 살게 된 것이다. 이사를 한 후 집 이야기가 친구들 사이 화두로 떠오를 땐, 우리의 원룸을 다른 평범한 집으로 둔갑시켰다. 이를테면 아파트나 좋은 오피스텔이랄까? 긴장한 탓에 땀이 등줄기를 타고 흘러내렸다. 그래도 괜찮았다. 그렇게 해서라도 지키고 싶었다. 공허에 몸부림치는 나와 내 가족을.

초등학교 6학년 마지막 수학여행 때였다. 엄마는 돈이 없어 따로 용돈을 챙겨 주지 못했고, 할머니께서 수학여행에 가서 쓰라고 5천 원을 쥐어 주셨다. 그렇게 꼬깃꼬깃한 5천 원을 작은 손에 꼭 붙든 채, 전주로 떠났다. 수학여행 중 자유 시간이 주어졌고, 친구들은 기다렸다는 듯 맛있는 것을 잔뜩 사러 나갔다.

하지만 나는 마치 주제 파악이라도 한 듯, 얼굴을 붉히고 그 어떤 것도 살 수 없었다. 그저 이곳저곳을 기웃거릴 뿐이었다. 그러다 전주에서 유명하다는 초코파이를 파는 곳에 갔다. 거기서 산 것은 달랑 하나, 엄마에게 줄 초코파이였다. 친구들은 이 가게 저 가게를 들어가 양손 가득 사서 나오는데, 가방에서 부스럭대던 초코파이 한 개가 얼마나 초라해 보였는지 모른다.

중학생이 되면 매년 가족 설문조사를 진행한다. 그럴 때마다 나는 친구들에게 아빠의 수감 사실을 들키는 게 너무나 무서웠다. 그래서 함께 거주하고 있냐는 질문에 그렇다고 대답했고, 직업을 묻는 칸에는 아빠의 옛날 직업인 수학 선생님을 적었다. 친구들끼리 가족을 주제로 하는 이야기가 나올 때마다, 긴장되어 손에서는 삐질삐질 땀이 새어 나왔다.

"한아야, 근데 너는 왜 아빠 얘기를 잘 안 해? 안 친해?"

"아니?! 친하지! 우리 아빠 출장을 많이 다녀서 집에 잘 없어."

늘 같은 레퍼토리였다. 출장을 자주 가 바쁜 아빠지만 화목한 우리 집. 그것이 우리 가족을 설명하는 방식이었다. 학교에 가면 상처 하나 없는 아이처럼 웃으며 다녔다. 또 집에서는 엄마가 의지할 수 있는 버팀목이 되어야 했다. 동생들이 본받을 수 있는 장녀여야 했다. 난 철저한 각본 속 아이가 되어 버렸다. 그렇게 정체성은 희미해진 채 속은 멍이 들어 있었다.

엄마가 평소보다 늦게 돌아오는 날마다, 엄마마저 우릴 남기고 수감되어 버리는 끔찍한 상상을 하곤 했다. 그럴 때마다 이불 속에서 불안에 떨며 울었던 기억이 난다. 또 아빠가 수감자라는 사실이 잘 받아들여지지 않아 회피하기 일쑤였다. 가족과 관련된 이야기가 나올 때마다 거짓말만 늘어놓아야 하는 내 상황에 진절머리가 나기도 했다. 내가 전에 했던 거짓말들을 기억하며, 또 다른 거짓말을 만들어야 하는 것은 쉽지 않은 일이었다.

엄마는 아침엔 식당에 나가 설거지를, 저녁엔 학생들 집에서 중국어 과외를, 새벽엔 녹즙 배달을 했었다. 엄마 말로는 당시 세 시간 이상 잠을 자 본 적이 없다고 한다. 그렇게 살면서도 한 번도 우리 앞에서 눈물을 보인 적도, 힘들다는 티를 낸 적도 없었다. 기초생활수급자 형편에서 사 남매를 먹여 살리기 위한 엄마의 외로운 발버둥이었다.

나보다 더 힘든 상황에서 아등바등 버티고 있는 걸 알기에 엄마에게 의지할 수 없었다. 그렇다고 이제 막 한글을 읽고 있는 어린 동생들에게 의지할 수도 없는 노릇이었다. 가족에게조차 기대지 못하는 내가 친구에게 기대는 것은 불가능의 영역이었다. 나는 타인에게 나만의 울타리를 치는 방법을 택했고, 늘 스스로를 그 안으로 숨겨 버렸다. 곪을 수밖에 없었던 것이다.

그때의 나는 밥을 고통스러울 정도로 많이 먹는다거나, 엄마 몰래 새벽마다 물을 절반만 넣은 아주 짠 라면을 끓여 먹으며 스트레스를 해소하려고 했다. 정 화가 풀리지 않으면 손등 구석에 손톱을 쿡쿡 찌르며 스스로를 아프게 하기도 했다. 그렇게 해서라도 현실의 고통에서 벗어나려 했다. 건강하지 않은 방법이었다.

가려지지 않는 진실

중학교 2학년 무렵, 아빠가 수감되고 1년 반 정도가 지난 시점이었다. 우리 가족은 처음으로 아빠를 면회하러 아빠가 수감된 교도소로 향했다. 곧 초등학생이 되는 여동생 둘은 한참 간판을 읽으며 한글과 익숙해지는 시기였다.

"언니, 저기는 우리 동네 떡볶이라고 써져 있어. 저기는 온유 세탁소래."

엄마와 나의 복잡한 마음을 하나도 모르는 동생들은 그날도 어김없이 간판을 읽으며 뿌듯해했다.

안양교도소. 처음으로 눈에 담은 풍경이었다. 그 삭막한 글자들은 나로 하여금 아빠가 죄인이라는 사실을 확인시켜 줄 뿐이었다. 이제 막 한글을 읽기 시작한 여동생들이 행여 아빠가 있는 곳이 교도소라는 것을 알아 버릴까 봐, 남동생과 나는 손으로 동생들의 눈을 가리며 안으로 들어갔다.

교도관들은 무미건조하게 교도소에 들어가기 위한 일련의 과정에 따르게 했다. 으스스한 분위기 속에서 한 걸음 한 걸음을 내디뎠다. 교

가족 접견실에 도착하고, 뒤이어 아빠가 들어왔다.
어쩌다 그렇게 됐는지, 아빠 때문에 우리가 엄청나게 고생하고
있다는 걸 아는지 등 하고 싶은 말이 너무나 많았다.
그러나 막상 아빠의 얼굴을 보니 하염없이 눈물이 나왔다.

도소 안 분위기를 느끼게 하는 것도, 접견실이라고 쓰여 있는 팻말을 보여 주는 것조차도 싫어 계속해서 여동생들의 눈을 가리고, 또 가렸다. 원인을 알 수 없는 수치심과 도착지가 모호한 분노가 차올랐다. 호기심이 가득할 나이에 궁금할 수밖에 없는 여동생들은 도리어 그 어떤 질문조차도 하지 않았다. 아무리 유치원생들이라 하더라도 물어선 안 될 거라는 것을 직감적으로 알았는지도 모른다.

가족 접견실에 도착하고, 뒤이어 아빠가 들어왔다. 어쩌다 그렇게 됐는지, 아빠 때문에 우리가 엄청나게 고생하고 있다는 걸 아는지 등 하고 싶은 말이 너무나 많았다. 그러나 막상 아빠의 얼굴을 보니 하염없이 눈물이 나왔다. 뜨거운 눈물이 내 두 뺨을 타고 내리는데, 그것이 마치 그동안 억눌렀던 아빠를 향한 원망과 그리움을 마구 울부짖는 것 같았다. 유독 상해 보이는 얼굴은 내 마음을 갈기갈기 찢어 놓았다. 나는 생각보다도 더 많이 아빠를 사랑했음을 뼈저리게 느낄 수 있었다.

그날 새벽, 아빠의 옷가지들이 담긴 캐리어 쪽으로 발을 성큼성큼 옮겼다. 애정하던 아빠의 반팔 티를 집었다. 그리고선 코를 마구 비벼 댔다. 내가 제일 좋아하던 아빠 냄새가 코를 찔렀다. 그 냄새가 아빠의 형체까지 만들어 주길 간절히 바랐다.

이유는 알 수 없지만 그때 이후로 아빠를 면회하러 간 적은 없었다.

사랑과 그리움을 이길 정도로 그때의 비참함이 강력했던 걸까? 도착지가 모호했던 분노는 결국 아빠를 향한 것이었던 걸까? 중학교 2학년, 처음으로 갔던 면회는 억누른 그리움의 눈물 자국만을 남긴 채 마지막 면회가 되었다. 나는 아직도 교도소에 내 두 발을 들여놨던 그 순간을, 동생들의 눈을 가려야만 했던 그때의 비참함을 잊지 못한다.

무한한 추락

열심히 공부해서 남들이 부러워하는 성적을 만들었다. 늘 친절하게 대하며 많은 친구들을 옆에 두었다. 그렇게 보통의 사람으로 생존하기 위한 발버둥을 쳤다. 고등학생이 되고 내 처지에 익숙해질 무렵, 엄마는 할 이야기가 있다며 내가 좋아하는 딸기라떼를 먹으러 가자고 했다.

더 이상 추락할 곳이 없다고 생각했다. 엄마가 가장인 사 남매 집안, 기초생활수급자, 수감자의 자녀. 이러한 각본 설정보다 날 더 끌어내릴 수 있는 것은 없을 것이 분명했다. 하지만 엄마의 입에서 나온 말들은 추락에는 한계가 없다는 걸 깨닫게 했다.

"엄마랑 아빠는 얼마 전 이혼했어. 그리고… 아빠한텐 너희 말고… 다른 딸이 있어."

생각도 못해 본 전개였다. 알고 보니 아빠는 엄마와 결혼하기 전 다른 가정이 있었지만 이혼했고, 그 사실을 숨긴 채 엄마와 만난 것이었다. 엄마는 그 사실을 남동생을 낳은 후 아빠가 아닌 다른 사람의 입을 통해 들었다고 말했다.

"그리고 아빠가 말한 이야기들이 어디서부터 어디까지가 진짜고, 거짓인지 잘 모르겠어. 알아보니까 리플리 증후군 같아. 환자라고 생각하면 편해."

리플리 증후군. 생전 처음 들어 보는 단어였다. 찾아보니 현실 세계가 아닌 허구의 세계를 믿으며, 상습적으로 거짓된 말과 행동을 하는 것이라고 나와 있었다. 즉 아빠는 그만큼 자신에 대해 사실대로 이야기한 적이 없었고, 대부분 거짓말을 했다는 것을 의미했다. 엄마는 그 외에도 아빠의 사업에 문제가 발생했을 때, 본인이 책임을 지는 것이 아니라 엄마를 앞세워 피해를 받게 하는 등 너무나 이기적이었던 아빠의 모습을 이야기했다.

충격, 절망, 증오. 현존하는 모든 표현들은 그때의 내 감정들을 감히 형용할 수 없었다. 엄마의 입에서 와르르 쏟아져 나온 불편한 진실들이 내 발버둥을 무의미하게 만들었다. 내가 사랑한 아빠는 도대체 누구였을까? 감조차 잡히지 않았다.

"아빠가 곧 출소하니까 한아가 알아야 하는 이야기를 해 주는 거야. 성인이 되면 계좌도 만들 수 있고, 핸드폰도 맘대로 개통할 수 있고, 대출도 받을 수 있잖아. 혹시라도 아빠가 안 좋은 것들을 부탁해서 곧 성인이 되는 한아 너에게도 피해가 갈 수 있어. 엄마는 한아가 아빠의 부탁을 들어주지 않았으면 좋겠어. 그렇지만 너가 힘들 정도로 아빠를 미워하진 않았으면 좋겠어."

잔뜩 붉어진 콧방울, 눈물을 꾸역꾸역 삼켜 내느라 턱턱 막히는 목소리. 엄마의 그 모든 모습들을 기억한다. 그동안 이토록 무거운 짐을 지고 있던 엄마에게 얼마나 미안했는지 모른다. 아무것도 모르고 마냥 아빠의 변화와 출소를 기대한 내가 바보 같았다. 전까지만 해도 엄마는 나와 동생들에게 우는 모습조차 제대로 보이지 않았던 강인한 여성이라고 생각했다. 그러나 그날 새벽 달그락달그락 설거지하는 그 뒷모습이, 또 잘 자라고 머리를 쓰다듬어 주던 그 손이 얼마나 작고 왜소해 보였는지 모른다.

유년 시절 다정한 모습으로 사랑한다고 말하던, 또 괌에서 함께 스노클링을 하며 입꼬리가 찢어지게 웃던 아빠의 모습이 떠올랐다. 나를 버티게 했던 아빠와의 좋은 추억들은, 되려 나를 갉아먹는 무기로 변신해 버렸다. 아빠로서 너무나 사랑했던 감정과 나를 추락시킨 장본인으로서 혐오하는 양가감정이 나를 너무나 힘들게 했다. 한마디로 애증 그 자체였다.

차라리 사랑할 거면 맹목적으로 사랑하고 싶었고, 혐오할 거면 무조건적으로 혐오하고 싶었다. 우리 말고는 가족은 물론 친구도 없는 아빠에게 가여운 마음이 들 때면, 나 자신이 너무나 답답해 미치도록 화가 나기도 했다. 내게 이런 삶을 준 하나님은 너무나 불공평하신 것이 아닌가? 아무래도 나는 무한한 추락의 굴레에 빠진 듯했다.

그 후로 나는 더욱더 큰 결핍에 시달렸다. 마치 내게 누군가가 "넌 아버지가 범죄자니까 너 또한 같은 죄인이고, 잘되어선 절대 안 돼"라고 말하는 것 같았다. 그러던 중 수감자의 자녀에 대해 다룬 유튜브 영상을 보게 되었다. 그 영상에 달린 댓글은 대충 이러하였다.

"피해자들 생각은 안 하나? 잘되길 바라는 건 양심이 있어야지."

"수감자의 자녀 불쌍하긴 한데 내 자식들이랑 같이 놀게 하고 싶진 않네."

"부모가 범죄자인데 자식이라고 다를까?"

다 맞는 말처럼 보였다. 누군가에게 상처를 입힌 사람의 딸인 내가 잘되는 것은 부당한 일인 것 같았다. 내 존재의 존귀함이 타인에게 부정당하자, 스스로도 존귀함을 꿈꾸지 않게 되었다. 그저 나 자신을 궁지로 몰아넣을 뿐이었다.

아빠와 닮은 구석이 보이면 스스로를 역겹게 느끼기도 했다. 내 동그란 얼굴에서도, 뜨거운 국물을 좋아하는 모습에서도 아빠가 보였다. 나는 그러한 공허함을 채우기 위해 늘 남자 친구를 사귀었고, 그 존재는 마치 날 괜찮은 사람이라고 말해 주는 것 같았다.

그러나 스스로를 사랑하지 못하는 나는 남도 제대로 사랑할 수 없었다. 사랑하지 않는 누군가를 만나며, 타인에게만 사랑을 갈구했다. 지독한 애정결핍 탓이었다. 나로 하여금 잘못된 방법을 통해 사랑을 느끼게 만든 것이었다.

그렇게 스스로를 멍들어 가게 하던 도중, 아빠의 출소 소식이 들려왔다. 엄마에게 아빠를 보지 않겠다고 선언했다. 나를, 엄마를, 우리 가족을, 그 외에도 타인을 아프게 한 아빠를 보고 싶지 않았다. 인간은 변하지 않는다는 굳건한 신념 아래, 나에게 있던 용서라는 선택지를 지웠다. 동생들은 아빠를 주기적으로 보러 갔지만 나는 '남'이라고 고집한 채 얼굴 한 번조차 허락하지 않았다.

그러다 여느 날과 다를 바 없이 교회에 갔다. 유독 한 성경 구절이 눈에 들어왔다.

미움은 다툼을 일으켜도 사랑은 모든 허물을 가리느니라 _잠언 10장 12절

더 이상 나를 갉아먹어 가며 아빠를 미워하고 싶지 않았다. 진정으로 사랑하고 싶었다. 인정하기 싫었지만 그리웠고, 변화해 주길 바랐고, 내가 용서할 수 있길 바랐다. 면회 이후 3년 만에 아빠를 보겠다는 결심을 했다. 같이 밥도 먹고, 카페도 가고, 대화도 했다. 마치 내가 정말 '보통의 딸'이 된 것만 같았다.

아빠를 보니 변화하고 있음을 느꼈다. 일도 열심히 나가고 나와 동생들에게 항상 용돈을 챙겨 줬다. 또한 자신의 과거를 너무나 반성하고 후회하고 있다는 말을 했다. 피해자들에게 찾아가 용서를 구하고, 돈을 갚으려는 모습에서 진정성을 느낄 수 있었다. 그렇게 나는 지워 뒀던 용서라는 선택지를 다시 한 번 선택해 보기로 했다.

출소 후 아빠의 모습은 이전과 달라진 것처럼 보였다. 하지만 시간이 흐르며 작은 균열들이 보이기 시작했다. 내가 미워했던 그 모습으로 돌아간 것이다. 얼마 되지 않았던 양육비는 미뤄지는 게 일상이 되었고, 우리에게 줄 돈이 없다고 하면서도 담배는 항상 피워 댔다.

새 삶을 살아갈 줄 알았는데, 같은 실수를 반복하지 않을 줄 알았는데…. 탓할 누군가가 필요했고, 그 대상은 하나님이 되었다. 하나님이

실수한 거라고, 하나님만 아니었으면 난 용서라는 선택을 하지 않았을 거라고 되뇌었다. 아빠와의 카톡은 점점 줄어 갔고, 만나는 것 또한 싫었다. 그렇게 나는 또다시 아빠와 멀어졌다.

희망 대신 절망이 자리 잡게 되었다. 열심히 하던 공부를 소홀히 했고, 학교는 매일같이 결석했다. 난 더 이상 성실한 학생도, 공부를 잘하는 모범생도 아니게 되었다. 그럼 나는 어떤 사람일까? 각본 속 내가 아닌 진짜 나를 아는 건 어려운 일이었고, 정체성이라는 빛은 바래져만 갔다.

또한 친구들이 내게 고민 상담을 할 때마다 겉으로는 공감하는 척을 했지만, 속으론 왠지 모를 분노가 차올랐다. '너희들이 가난에 허덕이며, 패딩 하나 새로 사 입을 생각조차 못 하는 나를 알까? 아빠가 없는 탓에 무거운 가구를 엄마와 나, 어린 동생들이 옮기는 그 기분을 알까?' 등의 생각을 했다. 자기 연민이 낳은 산물이었다. 그 누구보다 내가 제일 힘들다는 오만함과 남의 아픔을 가볍게 여기는 어리석음이 나를 지배하게 되었다.

아직도 나는 괜찮지 않았다. 아직도 나는 존귀해선 안 되고, 존귀할 수도 없었다.

소망을 품고

나에겐 두 장의 카드가 있었다. 회피와 직면. 내가 그동안 꺼내 왔던 카드는 회피였다. 직면을 한다는 것은 내 마음을 할퀴는 것을 의미한다고 생각했기 때문에 용납할 수 없었다. 그러나 고등학교 2학년, 회복과 치유를 너무나 갈망하던 그때에 나는 '직면'이라는 카드를 선택하게 되었다.

우선 직면을 선택할 수 있었던 이유 중 하나는 미술 심리 치료 덕분이었다. 마음의 멍이 가득했던 그 시기에 더 이상은 멍이 들 자리조차 없다는 생각이 들었다. 그래서 괜찮아지고 싶었다. '회복'이라는 소망이 생긴 것이다. 우리 가족을 도와줬던 '세움'에게 도움을 요청했고, 미술 심리 치료를 받을 수 있게 되었다. 미술 심리 치료는 나에게 '자유'를 허락했다.

"마음대로 그려. 정답은 없어."

"한아의 생각을 솔직하게 말해 줘. 다 괜찮아."

작품을 만들라는 말에 어쩔 줄 몰라 하며 점토만 주물거리던 내게 상담 선생님이 해 준 말이었다. 코끝이 꽤나 찡해졌다. 이 시간에는 점토를 이상한 모양으로 만들어도, 종이를 벅벅 찢어도 괜찮았다. 늘 틀에 박혀 살아왔던 내게 허락된 자유의 냄새는 너무나 향긋했다. 직면은 내 마음을 할퀴는 카드가 아니라, 회복의 카드임을 알게 되었다. 마음이 한결 편안해졌다. 그렇게 나는 나, 내 상황, 내 주변을 직면하기 시작했다.

또한 내가 갈망했던 건 아빠와의 관계, 걱정되는 미래 등 물음표들이 둥둥 떠다니는 내 머릿속을 하나의 마침표로 정리하는 것이었다. 하지만 상담을 하며 삶은 하나의 답으로 물음표들을 정리할 수 없음을 깨달았다. 그렇기에 항상 나를 옭아맨 아빠를 향한 양가적인 감정이 너무나 당연하고 어쩔 수 없는, 한마디로 불가항력적인 것임을 다시 한 번 인식하게 됐다. 그러면서 마음은 한결 더 편해졌다.

내가 나아질 수 있었던 과정에서 '세움'을 빼놓고 설명하는 것은 불가능하다. 회복의 첫 시작인 미술 치료 또한 세움을 통해 시작되었다. 세움을 처음 만났던 건 아빠가 수감되고 중학생으로 올라가던 겨울쯤으로 기억한다. 엄마가 크리스마스 파티를 하러 가자며 나를 데리고 갔고, 그곳이 바로 세움이었다. 세움 선생님들은 경쾌한 음악에 맞춰 방방 뛰며 춤을 추고 있었다. 웅웅 울려 대는 음악 소리, 쿵쾅거리는 발소리. 그 어느 것 하나 마음에 들지 않았다.

그 후로 세움에서 만든 청소년 동아리에 가입하라는 권유가 있었고, 썩 내키지 않은 동아리 활동을 시작하게 되었다. 아빠의 수감 사실을 애써 회피하고 있던 나에게 수용자 자녀들을 모아 놓은 동아리에서 활동하라니. 불쌍한 아이들을 모아 놓고 동정하는 느낌이 들어 자존심이 상했었다.

그러나 동아리에 참여하면 참여할수록 선생님들의 진심이 느껴지기 시작했다. 나의 아빠가 수용자임에도 예뻐해 주었고, 나의 안부를 항상 궁금해했다. 그곳에서는 기둥 같은 역할의 맏이일 필요도, 성격 좋은 척을 하며 나를 꾸며 낼 필요도 없었다. 그래서인지 매번 툴툴거리며 어리광을 부렸던 나지만, 동아리 모임은 빠지지 않고 참여했었다. 우리의 아픔에 진정으로 눈물을 흘릴 줄 알고, 우리의 기쁨에 온 맘 다해 함께 기뻐해 줄 수 있는 그런 어른들이 존재한다는 사실에 얼마나 큰 위안과 든든함을 느꼈는지 모른다.

우리는 다 함께 몽골로 봉사활동을 갔었다. 한국으로 돌아가기 전 마지막 밤에 어떤 친구가 부모님이 수감되신 이야기, 그리고 자신의 삶에 대한 이야기를 했다. 이를 시작으로 너 나 할 것 없이 모두 자신의 이야기를 하며 눈물로 대화를 나눴다. 누군가에게 내 이야기를 그렇게 자세히 한 것은 그날이 처음이었다. 나와는 같고도 또 다른 그들의 이야기를 들으며, 그들에게만큼은 솔직한 그리고 온전한 나일 수 있었다.

그날 밤 세움 대표님이 했던 말씀이 기억에 남는다.

"하나님은 우리에게 이유 없는 시련을 주시지 않아."

이 말은 아직까지도 내 마음속에서 위안이 되는 말이다. "나에게 이겨 낼 수 있는 힘을 달라고 기도했더니 이겨 낼 수 있는 역경과 고난을 주신다"라는 말씀이 있다. 어쩌면 하나님은 나에게 앞으로를 이겨 낼 수 있는 힘을 주시기 위해 앞에서 말한 추락을 주셨는지도 모른다.

또 나의 회복은 내게 기댈 구석이 있기에 가능했다. 엄마는 우리의 생계를 책임지는 멋있는 가장이자, 나를 존중해 주는 든든한 조력자였다. 학교를 나가지 않으려고 하는 나를 기다려 주었고, 공부를 하지 않는 나조차 사랑해 주었다. 그 누구보다 나의 회복을 위하여 기도해 주었다. 그 외에도 나를 무조건적으로 사랑하는 사람도 있었고, 단지 '나'라는 이유로 또 '우리 가족'이라는 이유로 도움을 주는 사람도 있었다.

사람으로 인해 받은 상처였지만, 그 회복 또한 사람으로 인해 이루어졌다. 사람은 사람을 필요로 하는 인격체임을 의미했다.

나는 존귀한 존재다

아빠의 부재는 내게 결핍을 남겼지만, 역설적으로 그 결핍은 오히려 나를 성장시키는 발판이 되었다. 그 과정은 결코 쉽지 않았다. 수없 아빠의 죄는 나의 죄가 아님을 안다.
내가 수감자의 자녀라는 사실은 내 정체성의 일부일 뿐, 내 모든
정체성을 그리고 현재의 나를 규정짓지 않는 것이다.
수많은 각본 설정 속 잃어버린 '진짜 나'를 다시 찾아가는 중이다.

이 넘어졌고, 일어날 힘조차 없던 순간도 있었다. 하지만 엄마, 세움, 그리고 생각지도 못한 이들의 도움으로 버티고 또 버텼다. 그 끝에 나는 간호학과 대학생이 되어, 그동안 받아 왔던 수많은 도움의 손길들을 간호사로서 또 다른 누군가에게 흘려보내야겠다는 꿈이 생겼다.

여전히 기초생활수급자 형편에 평일엔 학교를, 주말엔 알바를 하는 바쁜 삶을 살아가고 있지만, 옛날과 달리 이제는 나의 결핍만을 보지 않는다. 세상에 감사할 것이 너무나 많다는 것 또한 안다. 이 글로 누군가에게 내 메시지를 전달할 수 있다는 것도, 엄마가 해 준 저녁밥을 먹으며 가족끼리 이야기를 할 수 있는 것도 너무나 감사하다. 결핍이 아닌 존재하는 것들에 초점을 두게 된 것이다.

또한 좁고 깊은 인간관계를 유지하면서도 스스로를 외롭다고 느끼지 않는다. 이성에 연연하던 나는 스스로를 채우는 방법을 알게 되었고, 애정결핍의 결과물을 잔뜩 표출하던 나는 건강한 방법으로 사랑을 주고받을 수 있게 됐다.

물론 나의 이야기는 완전한 해피엔딩이라고 할 수가 없다. 여전히 부딪히고 깨지며 나아가는 현재진행형의 이야기이다. 아직도 아빠를 향한 원망과 용서 그 사이에서 갈등을 겪기도 하고, 동생들에게 아빠의 수감 사실을 어떻게 설명해야 하나 막막해하기도 한다. 그러나 과거와는 다르게 그런 나를 있는 그대로 받아들일 수 있는 용기를 갖게 되었다. 수많은 방황 속에서의 발버둥 끝에 나를 어느 정도 사랑하는 사람이 되었다. 스스로가 존귀함을 아는, 힘이 있는 사람이 된 것이다.

아빠를 미워하는 나, 아빠에 대한 약간의 애정을 느끼는 나, 모두 다 괜찮다. 아빠의 죄는 나의 죄가 아님을 안다. 내가 수감자의 자녀라는 사실은 내 정체성의 일부일 뿐, 내 모든 정체성을 그리고 현재의 나를 규정짓지 않는 것이다. 수많은 각본 설정 속 잃어버린 '진짜 나'를 다시 찾아가는 중이다.

나의 아빠는 수감자였고, 내가 그 수감자의 딸이라는 사실은 변함이 없다. 그러나 그 사실이 나를 정의하지 않는다. 나는 나만의 이야기로, 나만의 방식으로 존귀함을 증명했다. 이 글을 읽는 당신도 당신만의 방법으로 스스로의 존귀함을 발견하길 바란다.

우리, 존귀해도 괜찮다.

★ 한아 : 세움 청년자문단 4기. 간호사로서 그동안 받아 온 사랑을 건강하게 흘려보낼 수 있는 사람이 되기를 꿈꾼다.

이토록 깊은 자취

다이애나

●

? | 쓸모없어진 물음표

네 살배기 아이가 있었다. 고작 10cm 남짓한 손가락으로 유아용 가위를 든 아이는 색종이를 이리저리 자르며 다음 상대를 찾고 있었다. 무딘 가위였기에 잘 잘리지는 않았지만 그래도 '가위'라는 물건을 직접 사용해 보고 싶어 눈을 번뜩이고 있었다.

그 아이 눈에 가장 먼저 들어온 대상은 순진무구한 표정으로 자신을 올려다보는 갓 두 살 된 동생이었다. 그다음은 예상하는 그대로, 재미있는 상황이 벌어졌다. 제 언니에 의해 동생은 그나마 있던 짧은 머리카락이 숭덩숭덩 잘려 민머리가 되고 말았다.

아이가 움직일 때마다 이리저리 나풀거리는 머리카락은 분주하게 여기저기 숨겨졌다. 잘못한 것임을 아는지 이마는 두려움에 식은땀으로 범벅이 되어 있고 작은 손은 꽉 쥐고 있었다. 표정만큼은 태연했다. 시치미를 뚝 떼고 최대한 어머니의 시야에서 동생의 민머리를 가리려고 했던 모습은 웃길 정도로 다급해 보였다.

이 아이는 자라서 꽤 잘난 딸이 되었다. 이것저것 시키면 다 잘하고 선생님 말씀 잘 듣는 모범생이었지만 가끔 엉뚱한 행동으로 사람들을 깜짝 놀라게 하는 말괄량이가 되었다. 이 꽤 잘난 딸은 언젠가부터 하루하루 조금 견디기 힘들다는 생각이 들었다. 고작 열 살짜리 여자아이는 얼마나 살았다고 자신을 둘러싸고 있는 모든 것에서 벗어나고 싶어졌다.

벌써 '죽음'이라는 현상이 감당하고 싶지 않은 걱정과 풍파를 씻어주지 않을까 기대하기 시작했다. 노트 한 귀퉁이에는 펜으로 끄적거린 여러 사인(死因)이 꼬리에 꼬리를 물고 흰 종이를 채워 나갔다. 익사, 수면제 과다 복용, 과다 출혈, 추락사, 질식사 등 여러 고민과 감정을 담은 단어는 제 몸집을 부풀리기 시작했다. 하지만 이내 아이는 아무도 볼 수 없게 온갖 낙서로 제 감정을 묻었다.

어찌 된 노릇인지 종이에 적혀 있던 내용이 얼굴에서 읽혀지고 있었다. 학교 측에서는 아이의 변화를 감지하고는 상담을 권유했고 아이는 어쩔 수 없이 정기적으로 상담 센터에 다녀야 했다. 1시간 남짓한 상담 중 대부분은 아버지와의 소통 문제로 채워져 있었다. 아이는 아버지와의 갈등을 하소연하기에 바빴고 상담을 마치고 나면 옅은 후련함 정도를 얻어 갈 수 있었다.

그렇게 하소연했음에도 아이의 작은 머릿속에는 아버지에 대한 부정적인 감정만이 가득했다. 아버지는 언제나 아이에게 "안 된다"라고 하기 바빴고 아이는 그 말에 기분이 상해 아버지를 피해 다니기를 반복했다. 그렇게 아이와 아버지 사이에 존재하는 감정의 골이 점차 벌어지고만 있던 그때, 생각지도 못한 소식이 들려왔다.

○○○ | 이름을 대신하게 된 숨김표

추운 겨울이 찾아왔다. 이리저리 날뛰던 아이도 이 시기에는 고요하게 새로운 시작을 기대하고 있었다. 하지만 돌연 날벼락이 조용하던 아이의 마음속 방에 내리꽂혔다. '사기', '재판', '교도소', 그리고 아버지의 '수감(收監)'이라는 연속된 소식에 아이의 아늑했던 방 안은 폐허가 되어 버렸다. 견고했던 벽은 무너져 내리고, 늘 환했던 전등은 형체도 알아볼 수 없이 깨졌다. 남은 것이라고는 풀풀 피어오르는 먼지가 전부였다.

아이는 알아차렸다. 이제 결정은 남들의 몫이고 자신에게 선택권이 없다는 것을 말이다. 그래서 아이는 제 마음속 문제를 신경 쓰지 않기로 했다. 이사를 하고, 학원을 그만두고, 어머니가 취업을 준비하는 모습을 보았지만 제 복잡한 감정을 드러내지 않았다. 그저 묵묵히 이 상황을 하루하루 흘려보냈다.

거울에는 아무 생각 없어 보이는 아이가 비쳤고 눈매와 입매는 미동조차 없었다. 표면상의 변화를 찾기가 어려울 정도였다. 하지만 잠시 후, 그 작은 입이 말하기 시작하자 주워 담을 수도 없는 거짓이 혀를 타고 내려오기 시작했다.

처음에는 고작 한 방울에 불과했다. 하지만 시간이 흐를수록, 사람을 만날수록, 그 거짓말은 더욱 짙어져 갔다. 계속된 거짓에 혀는 검게 물들었고 입술은 갈라졌다. 얼마 안 가 거짓말은 폭포가 되어 입만 열면 막을 수도 없이 흘러내렸다.

아이는 다시 거울을 보았다. 끔찍했다. 거울 속에는 더 이상 생각 없어 보이는 아이가 존재하지 않았다. 거짓말로 검게 물들어 버린 입안과 대비되는, 진실하고 투명한 눈동자를 지닌 이도 저도 아닌 위선자가 존재할 뿐이었다. 아이는 두려워졌다. 위선자인 자신을 들킬까 봐 겁을 잔뜩 먹었다.

그래서 아이는 얼굴 곳곳에 손을 대기 시작했다. 붉은 물감으로 검게 변한 입안을 칠했다. 진실을 들키지 않기 위해 입꼬리를 한껏 올려 핀으로 고정하고 눈을 반달로 곱게 접었다. 하지만 그럼에도 투명한 그 눈동자는 어찌할 방법이 없었다. 그래서 아이는 거울을 저 멀리 치워 두었다. 동요할 기회 자체를 없애려 천으로 꽁꽁 싸맸다. 그렇게 꾸며 낸 얼굴로 아이는 사람들을 마주했다. 변화를 눈치챈 사람은 아무도 없었다.

⋯ | 줄임표가 만들어 낸 변화

사람은 적응의 동물이다. 예기치 못한 상황에 부닥치고 새로운 일이 닥쳐오면 처음에는 놀라겠지만 이내 납득하고 익숙해진다. 아이도 그리했다. 급변한 상황에 당혹스러웠지만 곧 익숙해졌다. 전혀 납득이 가지 않는 상황에 부닥쳤음에도 말이다.

아이는 제 처지를 바꾸어 보려 애를 썼다. 이야기에 끼고 싶어 잠까지 줄이며 관심도 없던 분야를 공부해 왔다. 핼쑥한 저금통을 탈탈 털어 좋아하지도 않는 과자를 사서 나누어 주었다. 그 노력으로 자신에게 닿는 그 잠깐의 시선이 고파서 할애할 수 있는 모든 체력과 시간을 쏟아부었다. 하지만 점점 그 찰나의 시선도 멀어져만 갔다.

숱한 노력에도 불구하고 결국 그 순간이 찾아오고 말았다. 아이에게 닿는 모든 시선에서 색이 사라지고 만 것이었다. 무채색의 눈빛이 점점 숨통을 조여 왔다. 회색빛으로 가득한 시선들 사이에서 아이는 눈치를 보는 것이 당연해졌다. 불안감에 손끝을 물어뜯고, 초조함에 발을 동동 굴러도 이상할 것이 없었다.

이제 아이는 학교에서 대부분의 시간을 혼자 보내게 되었다. 완전하게 투명 인간이 되었기에 형식적인 인사치레 하나 가당치 않았다. 그럼에도 언제나 다른 이들을 쫓아다니고 갈급해하며 필요할 때는 당연하게 나서야 했다. 그게 자연스러운 것이었고 아이가 마땅히 되어야 하는 사람이었다. 아이를 투명하게, 또 선명하게 만드는 건 아이 자신이 아닌 남들이었다.

아이는 경계를 뚜렷하게 긋기 시작했다. 진하디진한 먹으로 두 겹이고 세 겹이고 겹쳐 긋기 시작했다. 허락받은 공간과 소망하는 공간, 금지된 공간으로 말이다. 그리고 소망하는 공간이란 금지된 공간이나 마찬가지였다. 염원하는 곳이지만 허락되지 않은 곳. 그곳에 닿을 수 없다는 것을 알면서도 아이는 갈망했다. 목이 타도록 갈증에 허덕였다.

아이는 '히어로'라는 환상 속 캐릭터에 관심을 가지기 시작했다. 환하게 인사를 하고, 기꺼이 도움이 되면서도 겸손한 캐릭터와 자신이 다를 바가 없다고 생각하기도 했지만 언제나, 어디서나, 모두에게 환영받는 그들을 보며 자신은 히어로가 절대 될 수 없을 것이라 결론을 내렸다.

전형적인 악당의 모습이 아이가 생각하는 자신의 면모였다. 온갖 끔찍한 몰골을 엮어 둔 생김새에 불과한데 어울리지도 않는 밝은 표정의 형체는 존재해서는 안 되는 무언가였다. 인사를 받는 것조차 과분한 검은 형체. 도움이 되는지도 모르는데 감히 자신감을 느끼고자 하는 흉측한 무언가.

어느 곳에도 속할 자격이 없다고 생각했기에 존재할 필요가 있는지에 대한 고민이 둥둥 떠올랐다. 그리고 그 존재에 대한 고민이 외로움에서 비롯되었다는걸, 아이는 몰랐다. 영웅에게 처단당하는 악당, 그 악당은 정말 순수한 악에서 비롯된 결정체일까? 자신을 끔찍한 악당이라 생각하는 이 아이는 외로웠다. 너무도 외로웠다.

외로움에 삼킨 눈물은 너무도 짰던 나머지 결정이 되기 시작했다. 소금기가 심장 속으로 스며들었고 하얀 결정이 심장 이곳저곳에 피어올랐다. 아름답고도 날카로운 눈물 결정은 심장에 단단히 달라붙어 떨어질 생각을 하지 않았다. 그렇게 붉디붉었던 심장은 하얀 눈물 결정에 파묻혀 버렸다.

심장이 하얗게 덮인 이후로 아이는 숨을 제대로 쉴 수가 없었다. 아무리 가슴을 내리쳐도 답답함이 가시지 않았고 기침해도 불편한 느낌이 해소되지 않았다. 아이는 숨이 얼마나 남아 있는지도 모른 채, 그저 점점 어두운 물속으로 가라앉고 있었다.

, | 쉼표처럼 한 발 뒤에서 마주하기

휴식의 기간이 도래했다. 아이는 한 달 남짓 되는 이 기간에 쉼을 가졌지만 생각하느라 여념이 없었다. 머릿속은 복잡했다. 생각과 현실의 괴리가 너무 커서 객관적인 분석이 힘들었다. 단순한 결론 하나를 내리기도 어려워서 여유를 부릴 수가 없었다.

그래도 아이는 계속 생각했다. 30분이고 1시간이고 계속해서 생각하며 불길을 키워 냈다. 터무니없는 억측, 과거에 대한 회상, 자아에 대한 철학 등 가지각색의 생각은 아주 좋은 땔감이 되었다. 그렇게 책 한 권, 나무 한 그루, 그리고 커다란 통나무집 한 채를 다 삼키자, 불길은 별이 되었다. 아주 작지만 선명한, 그런 붉은 별이 되었다.

별은 친숙하고도 벅찬 모양새였다. 심장이 하얀 결정에 파묻히면서 잃어버렸고 잊어버렸던 희망, 욕심, 자신감, 사랑이었다. 자신을 옥

30분이고 1시간이고 계속해서 생각하며 불길을 키워 냈다.
터무니없는 억측, 과거에 대한 회상, 자아에 대한 철학 등
가지각색의 생각은 아주 좋은 땔감이 되었다.

죄면서 억지로 밀어내어 먼지가 덥수룩이 쌓였던 오래된 것들이었다. 정확하게 하나의 단어로 정의 내리는 것은 불가능했지만 아이에게 호의적인 요소임은 확실했다.

자세히 들여다보지 않으면 존재하는지도 모를 정도로 작은 반짝임이 시작이었다. 그랬기에 새하얗던 심장에 붉은 별 하나가 타오르기 시작한 광경은 그리 뚜렷하지 않았다. 하지만 그 작은 별이 하나둘 늘어나 결국 별자리를 형성하기 시작하자 아이의 심장에 다시금 붉은색이 일렁이기 시작했다.

본래의 심장은 이미 하얀색으로 물든 지 오래였다. 하지만 표면에서 반짝거리는 붉은 별자리 덕분에 아이는 세상에 단 하나뿐인 심장을 가지게 되었다. 그 심장은 어떤 날에는 "아니"라고 말할 용기를 주고, 또 어떤 날에는 욕심도 내게 했다. 그러고는 꽁꽁 감싸 두었던 거울을 다시 책상 위에 올려놓았다.

긴 시간이 지나 차디찬 겨울이 되어서야, 거울은 다시금 제 모습을 드러냈다. 맑은 얼음처럼 투명하게 빛나며, 비추는 모든 것을 선명하게 담아냈다. 아이는 그 거울을 가만히 바라보았다. 그리고 오랫동안 외면했던 투명한 눈동자와 마침내 다시 마주했다. 바꿀 수 없었기에 애써 외면했던 그것을, 이제는 피하지 않고 올곧게 바라볼 수 있게 되었다.

다시 거울을 책상 위에 올려 둔 아이는 이제 자신이 짙게 그려 놓은 경계를 지우기 시작했다. 짙게 그린 만큼 꽤 적나라한 얼룩이 남았다. 경계 안에서만 돌아다녔던 두 발은 그 지저분한 얼룩 위를 조용히 밟았다. 살며시, 그런 다음 지그시. 아이는 자신의 발자국이 얼룩 위에 선명하게 남을 때까지 오래 그 선 위에 서 있었다.

어떤 변화든 행동으로 옮기기까지는 용기가 필요하다. 그리고 아직, 아이에게 그 용기는 충분하지 않았다. 그래서 한동안 그 선 위를 돌아다녔다. 발자국이 찍히고 찍혀 겹겹이 쌓인 흔적이 결국 경계를 흐릿하게 만들었다. 선명했던 선이 눈에 보이지 않을 때까지 아이는 머뭇거렸다.

그러던 어느 날 누구도 예상하지 못한 순간에 아이는 마침내 그 경계를 넘어섰다. 두려워했던 것만큼 무서운 일은 일어나지 않았다. 대신 조용한 파동이 퍼져 나갔다. 그 작은 떨림이 온몸을 타고 흐르며, 오래전 잊어버렸던 감각을 되살렸다. 아이는 그 파동이 더 거세게 요동칠 때의 기분을 다시금 떠올리고 싶어졌다.

변화한 아이에게 '고등학교 입시'라는 기회가 찾아왔다. 현실적으로 많은 것을 바꿀 수 있는 전환점이었다. 그래서 아이는 새벽까지 컴퓨터 앞에 앉아 졸린 눈을 비벼 가며 집중했고, 찬물로 세수하며 정신을 붙잡았다. 육체적으로, 심리적으로도 힘겨운 날들이 이어졌다. 단한 달 남짓한 입시 기간이었지만, 그 시간은 무던히도 아이를 무겁게 짓눌렀다.

하지만 이제는 버틸 힘이 있었다. 그 선 위를 수도 없이 걸어 다닌 끝에 길러진 힘인지, 혹은 자신도 몰랐던 숨겨진 힘이었던 것인지는 알 수 없었다. 다만 분명한 것은, 더 큰 압박이 닥쳐와도 이제는 버티고 설 수 있는 힘이 생겼다는 사실이었다. 그리고 마침내 그 순간이 찾아왔다.

합격.

단 한 단어가 온몸을 전율시켰다. 심장은 미친 듯이 뛰었고, 혈관 속 피가 거칠게 소용돌이쳤다. 너무 행복해서 숨이 멎을 것만 같았다. 아버지가 수감된 후, 1년 만에 찾아온 첫 행복이었다.

/ | 삐딱한 빗금 같은 녀석

무언가를 똑바로 세우려면 어떻게 해야 할까? 건물을 세우는 것이든 계획을 세우는 것이든 우선 밑바탕부터 단단하게 다져 놓은 다음 시작해야 할 것이다. 시간이 흘러 점점 높이 세울수록 이를 지탱할 단단한 뼈대가 필요해질 것이고 빈틈을 메울 자잘한 지지대도 갖춰져야 할 것이다.

만약 견고한 뼈대를 심지 않고 튼튼한 지지층을 다져 놓지 않았다면 오래가지 못하고 무너져 내려 복구에 어려움을 겪을 것이다. 자재가 노후되어도 새롭게 교체가 가능하게끔 만든, '바르게' 세운 결과물이 그래서 어렵다.

아이는 청소년기에 갖춰져야 하는 뼈대를 심지 못했다. 더 높은 건물을 세울 수 있는 상태가 아니었고 이미 심겨 있던 뼈대마저 날카롭게 부러져 아이의 내면 깊숙이 파고들고 있었다. 그 속은 엉망이었다. 금이 간 벽과 떨어지는 부스러기, 소음투성이의 철근과 깨진 조각은 고스란히 그 안에서 쌓여 가고 있었다.

아이는 괜찮지 않았다. 아무렇지 않은 척하지만 입을 꼭 다문 채로 속을 열어 보이려 하지 않았다. 여전히 아버지에게 돌을 던지고 아버지가 돌아오지 않았으면 좋겠다는 못된 생각을 마음에 품은 채로 조용히 주먹을 쥐고 있었다.

그러나 어머니는 이미 알고 있었다. 아무 소리 없이, 일없는 듯 행동하지만 스치는 그 찰나의 순간에 느껴지는 이상(異常)은 점점 뚜렷해지고 있었다. 그래서 도움을 청했다. '세움'에.

사람을 변화시키는 것은 어렵다. 변화가 반드시 일어난다는 보장도 없는 데다가 과정은 언제나 고통스럽다. 하지만 가능성, 그 하나만으로 누군가는 시도한다. 아이에게서 가능성이 보였던 것일까? 세움은 아이에게 손을 내밀었다.

그러나 아이는 상담하는 내내 직면할 기미조차 보이지 않았다. 약을 먹기 싫어하는 강아지처럼 이리저리 피해 다니기에 바빴고 그러면서도 폐를 끼치기 싫다는 듯 마지못해 약을 삼키는 시늉을 하곤 했다. 그런 아이와 다르게 동생은 무언가 직면하고 온 듯 보였다. 동생은 상담실에서 나오는 족족 눈물범벅이 되어 눈가가 짓무를 정도로, 휴지로 닦고 있었으니 말이다. 그런 동생을 보며 아이는 생각했다. 절대로 울지 말자고. 멀쩡해 보이는 겉을 뜯어내고 제 어지러운 속을 보여 줘도 보겠지만 울지만 말자고 생각했다.

겉으로 흐르지 않는 눈물은 속으로 넘어갔다. 고통스러운 과정에 별자리가 수놓아진 심장 표면에 물방울이 맺히기 시작했다. 물방울은 표면을 타고 흘러내리다 서로 합쳐져 결국에는 심장에서 떨어져 내렸다. 셀 수 없는 눈물방울이 어디로 가는지도 모른 채 아이는 제 심장

자신의 쓸모를 항시 의심하고, 실수에 집착하며,
아무리 노력해도 사랑을 받을 자격이 없는 사람으로
여기게 만드는 존재.
그 어두운 면모가 우물 속에서 물을 흐리고 있었다.

표면이 마르면 그 눈물방울을 잊곤 했다.

~ | 해소의 파도가 된 물결표

말이 사람에게 주는 영향은 상상 이상으로 거대하다. '속이 깊다', '어른스럽다'라는 말을 하루가 멀다 하고 들은 아이는 결국 변화했다. 야트막하던 속이 산 중턱에 있는 우물보다도 깊어졌고 그 속은 흘러내린 눈물로 가득해졌다. 그렇게 변해 버린 아이의 앞에 뜻밖의 말이 하나 더 놓였다.

"조숙하다."

접해 보기는 했었다. 사전에서였는지, 수능 지문에서 본 것이었는지 기억나지 않았지만, 그 뜻은 짐작이 갔다. 어른스럽다는 말보다 조금 더 깊은 뜻을 지니고 있었던 것 같았다. 그래서 아이는 제게 조숙하다고 말한 선생님에게 "고맙습니다" 하고 답했다.

그날 이후, 아이는 더 속 깊게 행동했고 더 어른스러워 보이도록 노력했다. 그랬기에 우는 것은 용납이 되지 않았다. 속을 내비치지 않기 위해 친구들과 사적인 이야기를 줄이고 연락을 멀리했다. 일부러 슬픈 영화와 드라마를 피하고 정신을 차리기 힘들 정도로 바쁜 생활에 중독되어 갔다.

그러던 어느 날 아이는 늘 지나치던 기숙사 거울을 무심코 바라보았다. 거울 속 제 두 눈을 마주한 그 순간, 머리가 한 대 맞은 것처럼 울렸다. 투명하던 두 눈이 탁하게 변해 있었다. 그제야 아이는 알게 되었다. 자신을 지키기 위해서 했던 모든 행동이 사실은 자신을 잃어버리게 만든 원흉이 되었다는 것을 말이다.

아이의 저 깊은 내면에는 여전히 자기 자신을 채찍질하는 존재가 남아 있었다. 자신의 쓸모를 항시 의심하고, 실수에 집착하며, 아무리 노력해도 사랑을 받을 자격이 없는 사람으로 여기게 만드는 존재. 그 어두운 면모가 우물 속에서 물을 흐리고 있었다.

아이의 가슴이 미어졌다. 돌아오는 메아리 하나 없이 소리를 질렀던 며칠 전의 자신에게. 그림자조차 없는 어둠 속에서 두 팔을 허우적거리던 몇 시간 전의 자신에게. 내내 땅을 구르며 자신의 존재를 알렸던 모든 순간의 자신에게. 늘 괜찮다는 말로 막고, 삼키고 억압하기만 했다는 것이 뼈에 사무치도록 미안했다.

아이는 알고 있었다. 자신을 흐렸던 시간을 되돌리는 것이 불가능하다는 것을 말이다. 하지만 아이는 붉은 심장을 하얗게도 물들여 보고 그 위에 아름다운 별자리를 새겨도 보았다. 그리고 앞으로의 시간 속에서 혼탁함을 씻어 낼 수 있다는 것을 알고 있었다. 그 혼탁함을 씻어 내기 위해 아이는 눈물을 흘려보냈다. 검고, 붉고, 파랗고, 투명한 눈물을 흘려보내며 묵혀 두었던 제 감정을 마침내 해소하기 시작했다.

! | 느낌표가 그려지는 순간

아버지가 석방된 이후, 아이의 머릿속은 분주했다. 어떤 감정이 진짜인지, 어떤 모습이 제 진심인지조차 알 수 없었다. 이전처럼 계속 거짓말을 하고 있다는 느낌이 들었다. 지금 자신이 느끼는 감정이 말로만 듣던 '애증'이라는 것인지 아니면 자존심이 너무 강해서 그런 것인지 정의를 내릴 수도 없었다. 한 가지 확실한 것은 있었다. 그렇게 주변에서 귀에 딱지가 앉게 듣던 '어른스럽다'는 모습을 보여 주고 싶다는 것이었다.

아이는 대견한 딸임을 강조하고 싶은 것이 아니었다. 오히려 아버지라는 존재가 없어도 혼자서 모든 것을 해낼 수 있는 사람임을 증명하고 싶었다. 그래서 더 이상 아버지가 필요하지 않은 사람임을 보여 주고 싶었다. 아주 못되게도 아버지가 아이에게 더 이상 도움이 되지 않는다고 생각하게끔 해 주고 싶었다.

그 마음은 고등학교를 졸업할 때까지 변하지 않았다. 그리고 그렇게 얼렁뚱땅 사회가 정의하는 '성인'이 되었지만 아이는 앳된 모습을 벗지도 못한 채 현실과 부딪혀야 했다.

아이는 가장 먼저 금전적인 책임을 일부 져야 했다. 아이의 대학 입시가 끝나자마자 동생의 입시가 시작되었기에 부모님에게 대학 생활비를 받을 수 없었다. 오히려 동생의 입시 비용에 돈을 보태야 하는 처지가 되었다. 그래서 아이에게 대학교 신입생이라면 누구나 가질 법한 OT나 MT를 향한 설렘은 사치였다. 머릿속을 가득 채운 것은 오로지 '돈을 어떻게 벌 것인가'였다.

아이는 무작정 아르바이트 이력서를 넣기 시작했다. 카페, 편의점, 학원, 식당, 그리고 배달 업체까지 종류를 가리지 않았다. 하지만 단 한 군데도 연락이 오지 않았다. 그제야 아이는 깨달았다. 아무리 좋은 학교를 나오고 꽤 자부할 만한 활동을 했어도 사회에서는 경험이 가장 중요한 자산이라는 것을 말이다.

세상은 어른들에게 혹독했다. 가까스로 일을 구한 아이는 당연히 미덥지 않은 신입이었다. 그런데도 누군가에게는 믿음을 주는 존재가 되어야 했다. 이 이중성은 아이를 혼란스럽게 만들었다. 누군가에게 믿음을 준다는 것은 그 사람에 대한 책임이 있다는 것이다. 그래서 지금까지 자신의 삶만 책임져 온 아이에게 이 상황은 낯설기만 했다.

책임감의 무게는 날이 갈수록 커졌다. 이제는 집 안팎으로 '어른스

러운 아이'가 아닌 '어른'이 되어야 했고, 그 모습은 아무리 시간이 지나
도 익숙해지지 않았다.

'힘들어.'

지금까지 단 한 번도 내뱉어 본 적이 없는 말이 입 밖으로 새어 나
왔다. 아무리 외롭고, 아프고, 고통스럽고, 살아갈 가치가 없다고 느껴
도 입안에서만 맴돌던 단어였다.

자신이 힘들다고 인정한 순간, 아이의 시야에 가장 먼저 들어온 사
람은 아버지였다. 사회생활이 버거워 미칠 것 같은 순간, 아버지가 새
롭게 보이기 시작했다. 수감되기 전 사회인으로서 꽤 탄복할 만한 업
적을 쌓았던 아버지. 아이는 사회생활을 시작한 후에야 비로소 그 시
절의 아버지를 떠올리고 깊이 생각할 수 있게 되었다.

그리고 문득 아버지가 이렇게 작았나 싶었다. 그제야 깨달았다. 이
제껏 자신이 아버지를 제대로 바라본 적이 없음을 말이다. 아이에게
아버지는 아직도 자신보다 한참 컸었던 고집불통인 사람이었다. 아이
는 자신이 소통하기를 멈추었던, 6년 전의 아버지를 보고 있었다.

아무리 주변에서 아이에게 어른스럽다고 말했지만, 아니었다. 아
이는 자신이 만든 틀 속으로 사람을 보는 철없는 어린이에 불과했다.
시간이 지나도, 새로운 사실을 알아도, 그저 꿋꿋하게 원하는 대로만

생각하는 고집불통은 아버지가 아닌 바로 아이, 나 자신이었다.

누군가에게 아버지는 나쁜 사람일지도 모른다. 당연하다. 모든 사람에게 좋은 사람이 될 수는 없는 일이니까. 하지만 나에게 아버지는 나쁜 사람인가? 가정을 지키지 못했고 가장 중요했던 시기에 떨어져서 가난한 시간을 보내게 했으니 용서를 구해야 하는 사람인가?

아니.

아버지는 내가 용서해야 할 사람이 아니었다. 내가 이해해야 할 사람이었다.

. | 마침표

나는 수용자의 자녀다워야 한다는 고정관념에 갇혀 있었다. 조용히 숨죽이고, 자신을 드러내서는 안 되며, 아무것도 바라지 않는 것이 당연하다고 믿었다. 그래서 숨쉬기조차 버거운 시간을 견뎠고, 그 이후로는 많은 것을 회피하면서 살았다. 수용자의 자녀답게 살아야 한다고 믿었던 나는 결국 이제 와서야 깨달았다. '수용자의 자녀다운 것' 따위는 존재하지 않는다는 사실을.

우리는 남들처럼 아니라고, 싫다고 말해도 된다. 우리도 자기 생각에 자신감을 가져도 되고 원하는 모든 것을 배우고 욕심내도 된다. 자신을 지키기 위해 거짓말을 해도 되고 스스로를 사랑해도 된다. 우리에게 하지 말아야 할 것은 아무것도 없다.

나는 안다. '수용자의 자녀'라는 타이틀이 자신의 일부가 되었을 때, 그것이 얼마나 낯설고 거대하게 느껴지는지 말이다. 그 무게에 압도되어 스스로를 그 타이틀에 끼워 맞추기에 급급한 건 자연스러운 일이다. 하지만 그 타이틀은 '나'를 구성하는 전부가 아니다. 나에게는 나라는 사람을 이루는 또 다른 타이틀이 있다. 그러니 나를 구성하는 다른 타이틀이 제빛을 잃지 않게, 내가 나를 사랑하고 건강하게 생각할 수 있게 나를 도와주자.

이제 나는 거울 속 내 모습을 당당하게 마주할 수 있다. 내 두 눈을 똑바로 마주하며 내가 나를 사랑한다고 말할 수 있다. 내가 한때 스스로를 가두었던 경계는 이미 너무도 많은 발자국에 묻혀 사라져 버렸다. 나의 눈물은 이제 내 볼에 긴 선을 그리며 떨어지고 나의 심장은 그 반짝거림을 잊지 않은 채 더 붉게 물들어 가고 있다.

나는 바란다. 누군가 길을 잃은 아이들에게 이정표가 되어 주기를. 지금의 모습이 참 예쁘다는 따뜻한 한마디를 건네주기를. 아이들을 아이로 바라보는 시선을 보내 주기를. '괜찮다'고 말해 주기를. 그리고 그 누군가가 당신이기를 바란다. 그래서 이 글을 쓴다.

Epilogue

인생에는 정해진 답이 없다. 찾아오는 모든 소식은 자연스러운 관계의 흐름이며 당신이 내리는 모든 선택은 당신의 생각이 흘러간 자연스러운 끝자락이다. 당신에게 도래하는 크고 작은 일들은 단지 여러 선택지를 제공할 뿐, 옳고 그름을 판단하지 않는다. 당신이 내리는 결정은 이후 더 나은 선택을 위한 거점일 뿐, 당신을 탓하지 않는다.

삶이 문장이라면 부끄럽기도, 슬프기도, 행복하기도 한 모든 당연한 순간들은 문장부호처럼 당신의 단어 사이에 자리 잡게 된다.

분명히 너무 고통스럽거나 부끄러워서 잊고 싶은 순간도 존재할 것이다. 하지만 기억해 주면 좋겠다. 뒤를 돌아보았을 때 보이는 그 흔적은 모두 내가 현재의 나로 성장한 이유라는 것을. 그리고 그 흔적이 남아 있다는 것은 우리가 여전히 삶을 살아가고 있다는 증거일 뿐임을 말이다.

★ 다이애나 : 세움 청년자문단 4기. 일곱 살 때 처음 〈빨간 머리 앤〉의 다이애나처럼 따뜻한 사람이 되고자 하는 목표를 가지게 되었다. 화려하고 극적이지는 않지만 하루하루 사소하고도 조그마한 행복을 좇아 살아가고자 한다.

●

가구가 어디론가

모두

사라졌다.

우리가 사용하던 가구 하나 남아 있지 않았고, 우리 집에는 다른 사람이 들어와 살고 있었다. 정확히 부모 그리고 아들 셋이었는데, 불과 한 달 전만 해도 행복했던 우리 가족의 모습이 그대로 투영되었다.

　혼란스러웠다. 영문도 모른 채 갑작스럽게 할머니 집에 오게 되었고, 나는 외가 친척 여덟 명과 함께 한집에서 살게 되었다. 그 이유를 주변 사람들에게 물어봐도 돌아오는 대답은 나의 질문을 만족시키지 못했다.

할머니, 할아버지의 도움 덕분에 그나마 이 생활에 적응할 수 있었다. 당연히 내 방이 있을 리 없었고, 할머니 방을 같이 쓰게 되었다. 우리 집의 모든 가구가 팔리는 와중에 내 책상만큼은 할머니가 챙겨서 좁디좁은 방 한쪽 구석을 차지하고 있었다.

여느 때와 마찬가지로 학교생활을 마치고 돌아왔을 때 집 안 분위기가 다르다는 것을 느꼈다. 밝게 비친 현관문, 문을 열고 나가는 엄마의 어두운 그림자는 대조되는 듯했다. 그날을 또렷하게 기억하고 있다.

"동수야, 엄마가 해외 출장을 갔다 올 것 같아, 길게! 전화 자주 할 테니깐 잘 받고."

평소 밝게 웃던 엄마의 모습은 간데없고, 사뭇 진지하고 무거운 표정으로 나에게 말했던 한 문장이었다. 나는 그때 초등학교 5학년이었다. 그 뒤로 얼마 지나지 않아서였다. 내 핸드폰 벨이 울리고 전화를 받자, 울음 섞인 엄마의 목소리가 들렸다.

"밥은 잘 먹고 있니? 학교생활은 어때?"

그저 보통의 대화들이 오갔고, 집에 언제 오냐고 묻는 내 질문을 끝으로 전화가 끊어졌다. 아마 말하지 못하는 무언가를 숨긴 듯한 느낌이었다. 그리고 일주일 뒤였을까. 삼촌의 입에서 생각지도 못했던 엄마 소식이 내 뇌리에 꽂혔다.

"엄마가 교도소에 들어가게 됐어."

교도소라니? 드라마에서나 나올 법한 일들이 내게 일어나고 있었다. 어안이 벙벙했다. 그럴 만도 했다. '내게 왜 이런 일이 일어난 것인가. 범죄자의 아들이란 말인가.' 이런 생각을 하며 밤낮없이 울고 또 울었다. 사흘이 지나고 나서야 울음을 멈출 수 있었다. 과연 내가 울어서 달라지는 것이 있을까? 어린아이였지만 이제 엄마가 돌아올 수 없다는 것을 받아들이고 있었다.

일주일 후 할아버지가 엄마 면회라도 한번 가 보자고 하셔서, 차를 타고 교도소에 가게 되었다. 당시 엄마가 미웠던 감정보다 보고 싶다는 감정이 컸었다. 처음 가 보게 된 교도소의 분위기는 침울했다. 면회 신청서를 받는 교도관들은 친절하지도 불친절하지도 않았고 면회를 하러 온 수용자 가족들은 침울한 표정들로 면회 순서를 기다리고 있었다. 잠시 후 내 이름이 불리고 면회장으로 들어갔다.

'밉다. 원망스럽다. 보고 싶었다.' 내가 엄마를 보고 느꼈던 감정들이다. 나한테 왜 이런 일이 생기게 됐는지 원망스럽고 미웠지만 한편으로는 하루빨리 이렇게라도 보고 싶었다. 혈육이라는 이유 하나로 인해 많은 감정이 들었다.

"동수는 맨날 학교 끝나고 어디 가지?"

매일 학교 끝나고 어딘가를 가는 나를 보고 친구들이 내 뒤에서 속 삭였다. 괴로웠다. 언제든지 친구들의 입에서 교도소라는 단어가 나올 까 봐 항상 맘 졸이면서 살았다. 하지만 엄마에게 매일 가는 건 포기할 수 없는 부분이었다. 그렇게 나뭇잎의 색깔이 바뀌면서 교도소 앞 내 발자국의 크기도 매일 커져 갔다.

사실 중3 때부터 엄마를 보러 가기 싫었다. 엄마는 화성, 청주, 천 안 등 많은 교도소를 수도 없이 옮겼고, 3년 정도 다니다 보니 점점 힘 에 부치기 시작했다. 엄마가 싫은 것은 아니었지만 엄마를 만나고 집 에 오는 길은 진이 확 빠지고 힘들었다. 그저 보러 가야 한다는 의무감 이 생긴 것 같았다. 또한 점점 친구들이랑 놀고 싶은 욕구가 늘어났고 공부해야 하는 시간도 필요했다.

이러한 사실을 처음에는 엄마에게 말하지 않았다. 엄마가 상처받 을 것이 뻔했기 때문이다. 10분의 대화를 위해 매일 적어도 3시간 이 상의 시간을 소비하는 것이 힘들다는 것을 엄마도 알 것이다. 나는 직 접적으로 표현을 하지 않았지만, 면회를 갈 때마다 항상 좋지 않은 표 정을 했다. 사춘기 시절의 작은 반항이었다. 엄마는 그것을 알아채고 결국 영상통화로 대체하자는 합의를 봤다.

정신적 질환

중3 때까지 하루도 빠짐없이 면회를 갔지만 한 번 더 드라마 각본이 써지기 시작했다. 아빠까지 교도소에 수감된 것이다. 엄마가 주식을 하여 수십억의 빚을 지게 되었고, 아빠도 그 일로 형량을 받게 되었다.

엄마가 수감된 후로부터 아빠와 같이 살지는 못했지만 자주 만났다. 내가 다른 사람에게 하지 못했던 말, 학교생활을 편하게 말할 수 있었던 유일한 사람이 사라지게 되었다. 그 당시 사실 크게 슬프지 않았다. 아마 허탈의 지경까지 갔던 것 같다. 그냥 내 인생의 운명인가 보다 했다. 아무리 착하게 살아도 신은 벌을 내려 주고 나에게 좋은 일들이 하나도 일어나지 않을 것만 같았다.

어렸을 때 창문 너머로 천둥이 칠 때마다 나는 깜짝 놀라기 일쑤였다. 그런 사소한 일에도 놀랐던 나에게 이러한 시련이 두 번이나 와서 그랬을까…. 나에게는 마음의 병이 생겼다. 이 증상을 말로 표현하기가 힘들다.

항상 잠이 들면 악몽 같은 것을 꾸었다. 꿈의 시작은 언제나 미터기가 '0'을 가리킬 때부터였다. 모든 것이 고요하고 아무 일도 일어나지 않을 것만 같은 상태, 나는 그 숫자를 보며 안정감을 느꼈다.

그러나 미터기의 숫자가 '0'이 아닌 다른 숫자, 예를 들어 '3'으로 바

뛰었을 때 내 심장은 미친 듯이 뛰었고, 누군가 나를 옥죄는 듯한 느낌이 들었다. 설명할 수 없는 공포감이 나를 감쌌고 죽는 게 더 낫겠다는 생각이 들었다. 결국 식은땀을 흘리며 잠에서 깨어났다. 아마 숫자 0은 부모님이 수감되기 전 편안한 상태이고, 숫자 3은 부모님이 수감된 후 불안한 상태를 의미했던 것 같다.

또 다른 증상은 환청이었다. 고등학교 때 독서실에서 공부할 때마다 나의 속마음 목소리를 누군가 따라 했다. 예를 들어 책을 읽을 때 내가 속으로 읽는 소리를 누군가 계속 따라 했다. 증상을 없애기 위해 음악을 듣게 되면 또 음악 소리를 누군가 따라 했다. 그런 날은 음악, 산책, 영상, 아무런 행동도 소용이 없었고 정말 말로 표현할 수 없을 만큼 괴로웠다. 나는 이러한 증상을 아무에게도 말하지 않았다. 아마 사춘기 시절에 많은 스트레스로 인해 일어난 것이지 않을까 싶다.

도움의 손길

나는 인생의 은인 같은 존재를 만났다. 엄마가 교도소에서 세움이라는 단체에 편지를 쓰게 되었다. 나는 세움에게 경제적 도움 그리고 심리적 도움까지 받았다. 나와 같은 수용자 자녀들을 만나서, 누구에게도 할 수 없는 얘기들을 마음 편히 할 수 있는 곳이었다. 세움을 만나기 전에는 삶이 재미가 없었고, 희망이 없었고, 내가 괜히 죄지은 것 같은 기분이 들었었다. 세움을 만나고 나서야 수용자 자녀는 죄가 없다는 것을 깨달았고, 그 사실은 많은 힘든 일을 잘 견디게 해 주었다. 나에게는 참 고마운 존재이자 은인이다.

세움에서 청소년 모임을 진행하며 1년 동안 몽골 프로젝트를 세워 몽골로 봉사 여행을 떠났다. 오랜만에 여행하니 기분이 좋고 마음이 설레었다. 드넓은 몽골 초원에서 말도 타 보고, 몽골 전통 집인 게르에서 양고기도 먹었다.

엄마가 잘못만 저지르지 않았다면 가족 여행, 가족 외식 같은 평범한 것들을 누리고 살 수 있지 않았을까…. 세움은 나에게 가족 같은 존재이다. 가족을 대신해 나에게 행복을 전달해 주는 사람들이다. 어쩌면 그 이상의 의미를 지닐지도 모른다.

몽골 여행 마지막 날은 청소년 모임 친구들끼리 서로가 남들에게 얘기하지 못했던 일들을 어느 때보다 편하고, 자유롭게 얘기할 수 있는 시간이 되었다. 나도 처음 내 얘기를 할 때는 말을 떼기가 쉽지 않았다. 아무래도 남에게 내 얘기를 하는 것이 처음이며, 그 이후의 상황이 어떻게 될지 예상이 안 갔기 때문이다.

하지만 우리는 서로의 얘기를 듣고 공감할 수 있는 사이였고, 서로의 아픔과 마음의 상처를 잘 알 수 있는 사이였다. 후련했다. 맨날 숨기고 다녔던 것들을 한 번에 푸니 이보다 더 속이 후련할 수가 없었다. 결국 이날은 나에겐 평생 잊을 수 없는 날이 되었다.

그렇게 초등학교 5학년 때부터 8년이라는 시간이 지나고, 고3 대학교 입시를 치를 때에야 엄마가 형량을 마치고 할머니 집으로 돌아왔다. 기쁘면서도 얼떨떨했다.

사춘기 시절에 떨어진 시간이 길었기 때문에 마음이 복잡했다. 옛날 엄마의 모습도 사실상 자세하게 기억나지 않았고, 내가 엄마를 어떻게 대했는지도 까먹었다. 주변 친구들의 화목한 가정을 보고 부러워했던 나인데, 막상 엄마가 오니 어색하고 약간 힘들었다. 8년이라는 시간이 너무 길었던 걸까?

삶의 습관과 의견 차이로 엄마와 많은 다툼이 있었다. 우리는 8년 동안 종종 15분의 면회를 해 왔지만, 적절한 의사소통의 방법을 찾지는 못했다. 그래서 많은 시간이 주어졌음에도 제대로 된 의사소통을 나누기는 쉽지 않았다. 작은 의견 차이로 싸우게 되면 엄마는 그곳에서의 생활 때문인지 피해망상, 죄의식이 생기게 되었다.

"우리 가족들은 나를 죄인으로 보기 때문에 내가 온 것이 좋지 않겠지. 나는 이 집이 불편해…. 여기서 나가고 싶어."

엄마가 화가 날 때마다 하는 말버릇이었다.

한번은 정말 엄마에게 실망했던 일이 있었다. 엄마와 크게 싸운 후 편의점 알바를 하러 갔는데 전화를 받지 않았다는 이유로 편의점까지 와서 난동을 부렸다. 아무리 알바여도 나에게는 직장인데 이런 행동을 하는 건 어른답지 못하다고 생각했다. 내가 지금까지 엄마를 기다렸던 것이 헛수고가 되는 느낌이었다. 정말 화가 났고 엄마에게 크게 실망했다. 엄마가 다시는 이런 일이 일어나지 않을 거라고 약속하며 사건은 마무리가 됐다.

나는 교도소에서 돌아온 엄마를 보며 밉기도 했지만 안타까움도 컸다. 예전에 알고 있던 엄마가 아닌 것 같았다. 원래 엄마는 항상 웃음을 잃지 않고 긍정적인 사람이었다. 교도소에서 받은 스트레스로 인한 예민함과 죄의식이 엄마를 바꿔 버린 것 같았다. 하지만 나는 희망을 잃고 싶지 않았다. "엄마, 나는 엄마가 온 것이 너무 행복해." 이러한 말들을 엄마에게 꾸준히 말해 주고 있고 요즘에는 많이 나아지고 있다. 그래도 지금 내 나이 스무 살에는 아직 엄마가 필요하다.

누구에게나 그리운 것들이 하나쯤은 있을 것이다. 나에게 있어 그리운 것은 그저 밥 한 끼이다. 가족과 저녁밥 한 끼를 같이 먹는다는 것이 얼마나 소중한 일인지를 어렸을 때는 차마 알지 못했다. 부모님 수감 후 혼자 밥 먹는 시간이 많아졌다. 외가 친척들과 저녁을 같이 먹을 수도 있었지만, 그냥 할머니 방에서 혼자 밥 먹는 것이 습관이 되었다. 항상 집이 북적했기 때문에 밥 먹을 때만이라도 혼자 있고 싶었다.

엄마가 출소한 후 아빠와 엄마 나 셋이서 같이 밥을 먹은 적이 있었다. 어색할 줄만 알았던 식사 자리가 어느새 행복한 온기로 채워졌다. 평소 말이 많지 않았던 나도 부모님 앞에서는 철없고 말 많은 초등학생이 되었다.

행복했다. 오랜만에 느껴 보는 감정이었다. 우리가 예전처럼 같이 살 수 없다는 것을 나도 안다. 하지만 이젠 아무 상관없다. 예전보다 지금이 훨씬 행복하고 앞으로도 쭉 행복해지고 싶다.

성장 ing

나는 좋지 않은 성격이 있었다. 남의 말을 거절 못하는 성격이었다. 누군가 아무리 무리한 부탁을 해도 거절을 못하고, 내가 손해 보는 것이 있더라도 부탁을 들어주었다. 부모님이 잘못을 저질렀으니 나라도 착하게 살자고 생각했다.

계속 이런 일이 반복되자 주변 사람들이 나를 조금씩 이용하는 것 같은 느낌이 들었다. 말도 안 되는 부탁을 요구하고, 나는 그 부탁을 또 들어주었다. 점점 지치기 시작했지만 부모님이 그곳에 들어간 이상 누군가의 부탁을 거절하기는 쉽지 않았다.

하지만 세움에서의 몽골 여행 마지막 날 밤, 나는 많은 것을 느꼈다. 세상에 나보다 더 힘들고 마음의 상처를 받은 사람들이 많다는 것을. 또 제일 크게 느낀 것 하나는 '우리는 잘못이 없다'라는 것이다. 부모님이 교도소에 간 것은 부모님의 잘못이 맞다. 하지만 그 부모의 자식까지 벌을 받는 것은 절대적으로 잘못된 것이다.

그리고 그 부모의 밑에서 자랐다고, 자식도 똑같을 것이라고 생각하지 않았으면 좋겠다. 물론 믿고 있었던 부모가 갑자기 사라지니 사춘기를 겪은 자식들이 약간 엇나갈 수 있다. 하지만 그것은 오로지 아이들의 잘못이 아니다. 올바른 어른들이 그 아이들을 도와줘야 한다고 생각한다.

이렇게 세움을 통해 많은 것을 깨달은 나는 마음속 깊이 '당당하자'라는 단어를 항상 새기며, 주변 사람들의 무리한 부탁들을 조금씩 거절하기 시작했다. 처음에는 마음이 불편했지만 점점 괜찮아졌다.

마지막으로 하나 더 해결해야 하는 문제가 있었다. 바로 스스로를 형편없게 만드는 태도였다. '나는 왜 잘하는 게 없을까. 공부, 미술, 체육 등 특출나게 잘하는 게 없을까.' 엄마가 수감되고 나서부터 자존감이 많이 하락했다. 엄마가 수감이 되니 공부라도 잘해야 남들에게 엄마의 수감 사실을 들켜도, 인정을 받을 수 있다고 생각했다. 참 어리석은 생각이지만 한편으로는 맞는 말 같기도 했다. 하지만 성적도 어중간하게 받았고 결국 원하지 않았던 대학을 갔다. 그저 그런 사람이 되었다.

하지만 이제부터는 변화하고 성장하고 싶어졌다. 원래 나는 고등학교 때 꿈이 파일럿이었지만 자존감이 낮아 금방 포기했다. 지금부터라도 다시 그 꿈에 도전하기로 마음먹었다. 얼마 전에 면접을 본 후 마침내 최종 합격을 하게 되었다. 남들에게는 별거 아닐 수 있지만, 나에게는 큰 성장을 의미한다. 앞으로도 나는 끊임없이 성장할 것이고 마침내 성숙한 성인이 될 것이라고 믿는다.

하루는 챗GPT에게 물어봤다.

"환청, 악몽, 자신을 깎아내리는 행위가 동시에 나타나는 증상을 뭐라고 해?"

"우울증."

나 자신조차 몰랐던 질병을 챗GPT는 알고 있었다. 그 당시 나는 이 증상이 별거 아닐 거라고 생각했다. 혹은 금방 지나갈 거라 생각하며 주변에 이 사실을 알릴 생각조차 하지 않았다. 가족들과 친구들은 내가 아무렇지 않아 보였을 것이다. 주변 친척의 도움을 받으며 감사하다는 마음만 지니고 있었지 내가 힘들다는 생각을 하지 못했다. 그런데 나의 속은 검게 변하고 있었고 결국 오늘에 이르러서야 알았다. '내가 많이 아팠었구나.'

내가 하고 싶은 말은 이것이다. 부모의 수감으로 인해 힘든 사춘기를 보내고 있는 청소년들이 제발 자신을 깎아내리지 않았으면 좋겠다. 우리 모두 소중한 존재이고 행복해야 되는 존재라는 것을 말해 주고 싶다.

혹여 그 상황이 너무 괴롭다면 한 번쯤은 이렇게 자신을 만든 세상을 탓해도 된다는 것을 알려 주고 싶다. 매미가 성충이 되기까지 많은 시련을 겪고 오랜 시간이 걸리듯이 지금의 그 시련이 힘들고 괴롭겠지만 그 시련을 겪고 나면 누구보다 더 성숙한 성인이 될 것이다.

내가 쓴 시 한 편을 적어 놓았다. 누군가는 어떠한 편향된 시선으로 인해 상처를 받게 된다. 상처를 받는 사람들 중 누군가 단 한 명이라도 이 시를 읽고, 위로라도 받았으면 하는 마음으로 시를 쓰게 되었다.

★ 동수 : 세움 청년자문단 4기. 항공운항을 전공하고 있다. 이륙하는 비행기처럼 계속해서 성장하고 싶은 사람이다.

잡초

농부가 벼 주위의

잡초를 뽑는다

벼를 키우는 데

잡초는 방해가 되는가 보다

마치 우리가 사람들에게 방해가

된다고 생각하듯이

정말 잡초의 잘못이 있는 것일까

그저 한 생태계의 일원으로서

살아가는 것일 뿐인데…

농부의 잘못일까

잡초의 잘못일까

아니면 생태계의 잘못일까.

ESSAY 9 │ 거북이 등껍질 │ 진우

●

고등학교 시절

존경하는 선생님이

있었다.

지금은 은퇴했지만, 어둡기만 한 나를 보이지 않게 묵묵히 도와준 참 좋은 선생님이었다. 늘 나의 이야기를 들어 주고 내가 어떤 상황에 처해 있는지 누구보다 먼저 알아차렸다. 그날따라 아무도 없는 조용한 교무실에서 내게 말했다.

　"진우야, 그건 네가 짊어지고 가야 하는 거북이 등껍질이야."

　그 순간 벌레 하나 돌아다니지 않을 듯한 고요한 공간에 그 말씀이 온통 울려 퍼지는 것 같았다. 한동안 선생님의 그 말씀을 곱씹었다. 당시에 '거북이 등껍질'이라는 그 말의 의미를 온전히 이해하지는 못했다. 시간이 흐른 뒤에야 그 말의 뜻을 조금 더 이해할 수 있었다.

나는 아주 무겁고 딱딱한 등껍질을 가진 거북이었다. 구경꾼이나 스쳐 지나는 행인들은 아무 감정이 섞이지 않은 채 거북이를 내려다보며 말했다.

"거북이가 저 무거운 등껍질을 벗었으면 좋겠어."

하지만 나는 일찍이 깨달았다. 거북이는 영원히 등껍질을 벗을 수 없다는 것을!

등껍질의 균열

어린 시절은 온통 균열투성이었다. 매일같이 싸우던 부모님, 그 틈에서 한없이 불안정하게 떠다니는 아이, 어린 거북이었다. 이미 등껍질은 선명하게 금이 가 있었다. 하루는 끊임없이 다투던 어머니와 아버지가 급기야 교회 지상 주차장까지 싸움을 이어 갔다. 지치지도 않는지 큰 소리가 마구 주변에 울려 퍼졌다.

친구들과 놀고 있던 나는 걱정스러운 마음이 들었지만 아무것도 할 수 없었다. 그 모습을 지켜보고 있을 뿐이었다. 더욱 싸움이 격해질 무렵, 나를 발견한 아버지가 아주 크게 소리쳤다.

"이리 와!"

나를 이용해 엄마와의 싸움을 멈추고 싶었던 것 같았다. 그 마음이 전해지자 나는 주저하지 않고 부모님이 있는 쪽을 향해 뛰어들었다. 차도였다. 이대로 이 싸움을 끝내고 싶었다. 그 순간 자동차의 긴 경적 소리가 시끄럽게 내 귀에 울렸고 더 이상 아무 기억이 나지 않았다.

정신을 차렸을 때는 병원 침대에 누워 있었다. 가까이에서 부모님은 여전히 서로를 탓하며 싸우고 있었다. 그 상황에서 눈을 뜨고 싶지 않았다. 너무 무서웠다. 내가 부모님의 상황을 더 망친 것 같다는 죄책감에 사로잡혔다.

그 일이 있은 지 얼마 되지 않아서 어머니가 병원에 입원을 했다. 어머니가 걱정된 나는 한달음에 병원으로 달려갔고, 어머니를 꼭 안으며 물었다.

"엄마, 괜찮아요?"

당연히 엄마가 나를 끌어안으며 "괜찮아, 걱정하지 마"라고 할 줄 알았다. 하지만 어머니의 대답은 나를 크나큰 혼란으로 빠뜨렸다. 나와는 눈길조차 마주치지 않은 채 외치듯 소리쳤다.

"나, 네 엄마 아니야. 엄마라고 부르지 마!"

내 인생 첫 번째 막장 드라마가 그렇게 시작되었다. 단 한 번도 의심하지 않았던 어머니가 진짜 내 어머니가 아니라니. 세상이 무너지는 것 같았다. 그 말은 내 등껍질에 더 깊은 금을 만들었다. 어머니. 누가 그 숭고한 단어를, 그 존재를 감히 의심할 수 있을까? 초등학교에도 입학하기 전의 일이었다. 누군가에게는 목숨을 바칠 수 있을 만큼 애틋한, 믿음과 신뢰의 그 단어가 거짓이었다는 것을 받아들이기에 나는 너무나 여리고 어린 나이였다.

어머니.

나는 이 단어가 지칭하는 대상이 언제든 뒤바뀔 수 있다는 것을, 그리고 언제든 진짜가 아닐 수도 있다는 사실을 받아들여야만 했다. 이후로 내게 다섯 명의 새어머니가 생겼지만 그들 중 누구도 내 등껍질에 생긴 균열을 메워 주지 못했다. 오히려 더 많은 상처만 남겼을 뿐이다.

내 인생에서 등껍질이 가장 무거웠던 시기는 아버지의 수감 소식을 들었을 때였다. 나는 초등학생이었고, 어른들은 아버지가 해외에 출장 중이라고 거짓말을 했다. 하지만 나는 알았다. 내가 알고 싶지 않아도 그 거짓말 뒤에 숨겨진 사실을.

등껍질이 무거워질수록 더 명확히 보였다. 나에게 어머니는, 아버지는, 그리고 어른들은, 언제든 필요에 의해서 거짓을 진짜처럼 말했

내 어머니가 아니라니. 세상이 무너지는 것 같았다.
그 말은 내 등껍질에 더 깊은 금을 만들었다.
어머니. 누가 그 숭고한 단어를, 그 존재를 감히 의심할
수 있을까? 초등학교에도 입학하기 전의 일이었다.

다. 또 거짓말로 믿고 싶었던 일을 사실로 받아들이도록 했으며, 언제든지 의도적이든 아니든 내 곁을 떠날 수 있는 존재였다. 적어도 나에게 만큼은 그랬다.

아버지에 대한 기억이 별로 없었다. 솔직히 말하면 내게 남아 있는 기억은 가장 필요한 시기에 내 곁에 없었던 아버지에 대한 원망이 대부분이었다. 내 삶에서 아버지는 점점 지워져 갔고, '아버지가 있었나?'라는 생각이 들 때쯤 나에게 나타났다. 아버지의 등장은 반가움보다는 부담이었다. 그럼에도 아버지를 받아들이기 위해 노력했다. 그런 노력을 비웃기라도 하듯 아버지의 수감과 출소는 계속 반복되었다.

반복된 수감과 출소의 과정에서 잠시나마 나와 함께 있는 것을 어색해했다. 그런 아버지의 모습을 보면서 자유보다 감옥에서의 익숙함을 더 편안하게 느끼는 것 같다고 생각했다. 마치 물속에 있어야 할 거북이가 바닷가를 두려워하는 것처럼 말이다.

등껍질을 벗고 싶어

나와 성격도 말투도 모두 다른 쌍둥이 동생이 있다. 동생은 기회주의자 같았다. 아니, 지금 생각해 보면 그 모습이 어쩔 수 없는 하나뿐인 선택일 수도 있다고 생각한다. 그 이유는 마지막 새어머니와의 관계에서 설명할 수 있을 것이다.

새어머니는 늘 홈쇼핑 채널을 봤고, 그 화면 속 상품들은 우리 집으로 배송되었다. 함께 사는 동안 그녀의 친자식들은 쇼핑 중독에 빠진 어머니의 모습이 익숙한 듯 아무런 반응이 없었다. 나는 그 모습에 "매일 돈이 없다면서 그런 건 어떻게 사요?"라며 화를 냈지만, 오히려 동생은 "엄마, 너무 예쁜 것들 잘 산 것 같아요"라고 했다.

동생의 그런 말들이 새어머니 마음에 들기 위한, 어쩌면 살기 위한 거짓말이었을 것이라 생각한다. 그래서 그랬는지 새어머니는 나를 썩 좋아하지 않았다. 기분이 좋지 않을 때면 보육원에 보내겠다며 협박 아닌 협박을 하곤 했다. 새어머니라는 사람은 그렇게 나를 멀리했다. 어느 순간부터 이 집에서 나가는 것만이 나를 살릴 길이라는 생각이 마음속에 자라나고 있었고, 시간이 지날수록 그 생각은 확신으로 변해 갔다.

그중에서 가장 기억에 남는 일은 집에서 피자를 시켜 먹던 날이었는데, 방 안에 있던 나는 함께 먹자는 말조차 듣지 못했다. 쌍둥이 동생도 나를 부르지 않았다. 집 안에는 새어머니, 그리고 친자식들과 쌍둥이 동생이 있었지만, 언제부터인가 그들 속에서 나는 외톨이가 되어 갔다. 따돌림을 받았을지도 모른다. 자존심 강한 나의 성격이 이런 상황을 자초했을 것이다. 어느덧 그런 상황에 익숙해지고 있었다.

기초생활수급자였던 나에게는 국가에서 교육비와 수급비, 의료비, 급식비 등이 지원되었지만, 그 돈은 나를 위해 쓰인 적이 단 한 번도 없었다. 정부의 지원금은 새어머니의 옷과 가방을 사는 데 사용되었고, 정작 나는 소풍 갈 때 먹을 과자조차 살 수 없었다.

줄곧 이런 생각을 했다. 이 집을 벗어나려면 어떻게 해야 할까? 중학교 2학년 때부터 아르바이트를 시작하며 벌어 온 돈도 결국 그들의 사치를 위해 사용되었다. 앞서 했던 생각이 확신으로 바뀌었지만 아무 말도 할 수 없었다. 가족이 전부였던 나로서는 그들에게 맞서기가 두려웠다.

그들의 요구는 점점 더 심해졌다. "너희를 정성스럽게 키워 줬으니 대학 가지 말고 한 달에 50만 원씩 줘야 해!" 새어머니의 그 말은 감당할 수 없는 충격으로 다가왔다. 그들이 나를 ATM 기계로 보더라도 참으려 했지만 성인이 된 이후에도 그런 상황이 계속될 것이라는 생각이 들자, 더 이상 견딜 수 없었다. 어쩌면 그 말 한마디가 나를 폭발하게 만들었는지도 모른다.

나는 '독립 프로젝트'를 시작했다. 그때 고작 열일곱이었다. 미성년인 내가 독립을 한다는 것은 결코 쉬운 일이 아니었다. 할 수 있는 일보다 할 수 없는 일이 더 많았지만 나름대로 철저히 준비했다.

우선 내가 처한 상황에서 받을 수 있는 지원이 무엇인지 하나씩 알아보기 시작했다. 세움이라는 단체도 그때 처음 알게 되었다. 내 처지를 걱정해 주던 분들의 도움으로 학교 근처에 있는 고시원을 구했고, 전입신고도 마쳤다. 처음에는 모든 것이 계획대로 잘 풀리는 것처럼 보였다.

하지만 곧 문제가 발생했다. 나의 독립을 귀찮게 여긴 담임 선생님이 나와 상의도 없이 새어머니에게 연락해 집으로 데려가라고 했다. 나는 완강히 거부했지만, 그 과정에서 큰 불안감을 느꼈다. 다시 집으로 돌아가면 어떡하지?

다행히 구청의 도움으로 안전하게 독립할 수 있었다. 그 과정에서 느낀 해방감은 이루 말할 수 없었다. 내가 스스로 만들어 낸 결과였기 때문에 더 값졌다. 그러나 독립이 가져다준 성공의 기쁨은 그리 오래가지 않았다. 그동안 쌓여 왔던 상처와 아픔은 나를 조여 왔고, 통제할 수 없는 상황으로 이어졌다.

큰 거북이를 만나다

독립 후 주변에는 참 좋은 사람들이 있었다. 그들은 언제나 나의 어러움을 해결해 주었고 나를 위해서 뭐든 해 주려고 했다. 자취 초보였던 나를 많이 도와준 것도 다름 아닌 친구들이었다.

어렸을 때 가정교육을 잘 받지 못했던 나는 청소, 자기 관리 같은 개념을 몰랐다. 부끄럽게도 고시원 방은 한 달 만에 쓰레기장이 되었다. 그때마다 친구들은 티 내지 않고 치워 주었다. 그 친구들이 아니었다면 곰팡이가 가득한 방 안에서 서서히 죽어 갔을 것이다. 당시에 나는 고맙다는 표현조차 서툰 사람이었다. 이 글을 통해 이제라도 참 고마웠다고 말하고 싶다.

그리고 가장 고마운 사람이 있다. 고등학교 2학년 겨울, 서두에 언급한 거북이 등껍질 이야기를 들려주었던 바로 그 선생님이었다. 어느 날 학교 근처 카페로 부르셨다. 선생님의 옆자리에는 처음 보는 남자가 앉아 있었다. 선생님은 그분을 소개해 주었다. 나보다 열다섯 살 더 많은 학교 선배였다.

선생님은 독립 이후 종종 고시원을 찾곤 했다. 내가 없을 때면 조용히 반찬과 먹거리, 그리고 간식거리를 문 앞에 놓아 두었다. 나름 멋지게 독립한다고 했지만, 그 속에 숨기고 싶었던 나의 서툰 생활과 외로움을 선생님은 알고 있었다. 혼자 고군분투하며 세상과의 만남을 조금 일찍 시작한 나에게 선생님은 따뜻한 보호자를 만들어 주었다.

그 선배와의 어색했던 첫 만남에서 선생님이 나를 가리키며 우스갯소리를 하듯 말했다.

"애는 착하니까 좀 보살펴 줘."

그렇게 만남이 있은 후 얼마 되지 않아 선배에게서 연락이 왔다. 선생님은 선배에게 내 이야기를 얼핏 해 준 모양이었다. "잘 지내?"라는 짧은 안부 인사에 내 눈에는 이유 모를 눈물이 흘렀다. 학교 사람들과 구청 직원을 제외하면 잘 지내냐는 근황을 물어보는 사람은 그 선배가 처음이었다. 내 근황을 궁금해하는 사람이 있구나 싶었다.

선배에게 잘 지낸다고 답하며 다음 날 둘이서 밥을 먹게 되었는데, 내 이야기를 다 알고 있는 것 같았다. 선배도 힘든 어린 시절이 있었다고 했다. 지금은 나름대로 행복을 찾아가며 살고 있다고도 했다. 누구에게나 있을 법한 클리셰였지만, 둘이서 만나는 첫 자리에서 알게 된 선배의 과거도 힘들었다는 사실에 조금의 동질감과 자신감이 생겼던 듯하다. 그 순간 나는 선배처럼 되고 싶었다.

즐거운 식사 시간이 끝나고 선배와 나는 헤어졌고 다시는 만나지 못할 줄 알았다. 그냥 선생님의 부탁으로 잠깐 밥만 먹어 준 그런 짧은 인연이라고 생각했다.

진짜 아버지가 생겼다

선배와의 짧은 만남이 있고 며칠이 지났을까? 한밤중에 갑자기 몸이 너무 아팠다. 열이 39도였고, 온종일 화장실을 드나들며 구토와 설사를 반복했다. 응급실에 갔다. 입원을 해야 했는데, 병원에서는 보호자 없이는 치료가 불가능하다고 했다. 어쩔 수 없이 새어머니에게 연락을 해야 하는 상황이 오고야 만 것이다. 나에게 닥친 이 상황이 너무나 싫었다. 새어머니를 다시 마주치는 것보다 죽는 게 나을 것 같았다.

차가운 응급실 벽에 아픈 몸뚱이를 기대고 의자에 걸터앉아 있던 내 눈앞에 누군가 나타났다. 선배였다. 내가 아프다는 소식을 들은 선생님이 선배에게 급히 병원에 가 보라고 부탁한 덕분이었다.

우여곡절 끝에 무사히 입원을 할 수 있었고, 선배는 작은 간이침대에서 잠을 자며 간병해 주었다. 퇴원을 하게 되자 선배가 자기 집에서 지낼 것을 권유했다. 며칠을 병실에서 같이 보내며 기댈 곳 하나 없는 나에게 연민을 느꼈나 보다.

더 이상 내세울 자존심도 없었다. 나에게는 기댈 곳이 필요했다. 상처로 뒤덮인 등껍질을 짊어지고 있는 거북이에게는 천적들을 피해 숨는 법을 알려 줄 선배 거북이가 필요했다. 바닷속을 헤엄칠 수 있는 방법을 알려 줄 어른 거북이가 필요했다. 지금 와서 생각하면 그냥 학교

후배일 뿐인 나를 왜 그렇게 돌봐 줬나 싶다. 이 질문을 하면 선배는 "그냥 그랬어야 할 것 같았어"라고 했다.

선배의 집에서 지내며 나는 자연스럽게 고시원 방을 뺐다. 1년이라는 시간이 흐른 뒤에도 선배 집에서 살았고, 선배는 악명 높은 고등학교 3학년 생활을 케어해 주었다. 고등학교 입학 후 처음으로 개근할 수 있었다.

그 당시 선배는 박사 논문을 쓰고 있었는데 논문까지 포기하고 나에게 집중하였다. 자신의 삶보다 나에게는 훨씬 더 중요한 시기라고 했던 선배였다. 매일 새벽마다 깨워 나를 학교에 보냈으며, 하교 후 집에 돌아오면 따뜻한 밥상이 차려져 있었다.

행복했다. 19년 인생 중 그때 행복이라는 단어의 의미를 알게 되었다. 처음으로 느껴 보는 기분이었다. 사랑, 조건 없는 사랑이었다. 이런 대가 없는 사랑을 받아도 될까? 이런 안정감을 느껴도 되나 싶을 정도로 따뜻했다.

물론 의무도 생겼다. 영어 공부를 해야 했는데, 알파벳조차 겨우 외우는 나에게 선배는 다른 것은 뒤로 하더라도 영어는 해야 한다며 영어학원에 보냈다. 세움의 도움으로 학원비를 지원받으며 난생처음 다녀 보는 학원이었다. 학원에 갔다가 집에 돌아오면 선배는 배운 내용

을 다시 한 번 알려 주며 복습을 도와줬다. 이제 나는 해외에 나가더라
도 서툴긴 하겠지만 의사소통을 할 수 있게 되었다.

선배는 생활 태도, 공부 습관, 예절 등 나의 모든 것을 바꿔 주었다.
새 휴대폰도 생겼다. 나의 인생이 완벽히 달라졌다. 비로소 사람이 되
어 가는 것 같았다. 무너져만 가던 나의 인생에 빛이 보였다.

어느 날 선배가 질문을 했다. "가장 갖고 싶은 게 뭐니?" 그 순간 머
릿속에 오만 가지 생각이 들었다. 노트북, 컴퓨터, 카메라, 학용품, 옷?
하지만 이 모두가 그다지 절실하진 않았다. 머릿속에는 한 단어만 남
았다.

"아빠, 아버지. 아버지요!"

그는 나에게 새로운 이름을 지어 주었다. 그 당시 이름이 큰 콤플렉
스였다. 누가 지어 준 것인지, 어떤 의미인지, 무슨 사연인지 알 수 없
는 이름이었다. 그렇게 새 이름이 생겼다. 진우. 참 진(眞), 오른쪽 우
(右). 멋진 한자도 생겼다. 선배가 말했다.

"힘들었던 시절을 떠올리며 누군가의 오른쪽에서 진짜 우군이 되
어 주렴."

아버지, 아버지였다. 선배는 나의 아버지로 다가와 주었다. 나에게
가장 필요한 것이었는데, 그 기도를 하나님이 들은 것일까? 어느 순간

가장 가까운 곳에서 나의 기댈 곳이 되어 주었던, 흐트러진 삶을 바로 잡아 주었다. 선배는 언젠가부터 아버지가 되어 있었다.

가정법원의 개명 허가를 마치고, 세움의 도움으로 입양 절차가 마무리되었다. 나에게 진짜 아버지가 생겼다. 정말 날아갈 것처럼 기뻤다. 가족. 지금껏 가장 아프게 했던 그 단어가 지금은 가장 따뜻한 단어가 되어 있었다.

대가 없는 사랑

내 인생은 참 알 수 없는 일들로 가득했다. 힘든 일들도 많고 울고 싶은 일들도 많았지만 울 수도 없었다. 나를 지키고 싶었다. 때로는 억울했다. 왜 이런 일을 겪어야 하는지 마구 질문했다.

그랬던 내가 요즘 하루하루가 너무 좋아서 오래 살고 싶다는 생각이 든다. 바로 대가 없는 사랑을 주는 가족들 덕분이다.

선배의 부모님인 할머니와 할아버지는 나를 손자로, 선배의 동생과 제수씨였던 작은아버지와 작은어머니는 나를 조카로, 선배의 이모와 고모들인 이모할머니들과 고모할머니들은 나를 조카손주로 받아들였다. 사실 이제 와서 보면 나를 뭘 믿고 이렇게 가족으로 받아 주었는지 모르겠다.

할머니와 할아버지가 나를 가장 예뻐한다. 닭도리탕이 먹고 싶다고 말씀드리면 할머니는 곧장 장을 봐서 맛있는 닭도리탕을 보글보글 끓여 주었고, 밥 두 공기를 뚝딱 비우면 할아버지는 냉장고에서 귤을 꺼내 쥐어 주었다.

이모할머니들도 정말 귀여워해 주었다. 큰 이모할머니는 매일 새벽마다 교회에서 나를 위해 기도한다고 했다. 내가 아플 때 큰 이모할머니께 전화드리면 그 자리에서 무릎을 꿇고 기도해 주었다. 다른 이모할머니들도 마찬가지였다. 늘 아껴 주고 사랑해 주었다.

고모할머니들도 마찬가지였다. 특히 나를 '이쁜이'라고 부르는 둘째 고모할머니는 어느 날 내가 간장게장을 좋아한다는 이야기를 듣고 멀리 시장에서 큰 꽃게들을 사다가 간장게장을 담그고, 흰 쌀밥과 따뜻한 미역국도 끓여 주었다. 세상에서 가장 맛있는 간장게장 밥상이었다.

작은아버지와 작은어머니 부부는 동생처럼 대해 주었다. 나의 신앙이 바로 설 수 있도록 도와주었고, 내가 세상을 어떻게 살아야 하는지 대학 생활에 대한 조언과 앞으로의 직장 생활에 대한 이야기도 많이 해 주었다. 작은아버지 부부의 딸은 다섯 살인데 나를 따른다. 나와 나이 차가 조금 나서 그런지 아직은 진우 오빠보다는 진우 삼촌이라고 부르며 따른다. 그분들은 이렇듯 따뜻하게 안아 주었다. 대가도 없이,

조건도 없이, 나를 사랑해 주었다. 이 글을 통해 가족이 되어 주신 분들에게 전하고 싶다.

"당신들이 계셨기에 지금의 제가 있습니다. 아버지, 할머니, 할아버지를 포함한 모든 가족들이 지금의 저를 만들어 주셨습니다. 정말 감사합니다."

다른 게 아니라 특별하다

수용자 자녀라는 것은 부끄러운 일도 숨겨야 할 일도 아니라고 생각한다. 힘든 일을 견딘 그 자체를 박수 쳐 줘야 한다. 물론 이 글을 쓰는 나 역시 힘든 어린 시절을 보냈지만 그 일들이 좋은 거름이 되어 나의 나무에 하나둘 열매가 열리고 있다. 수용자 자녀마다 행복한 일이 언제 일어나는지 시기는 다 다를 수 있지만 언젠가는 반드시 행복이 찾아올 것이다. 어떠한 방식으로든 분명히.

아버지 친구분이 해 준 말씀이 있다. 거북이 등껍질 이야기를 들은 그분은 "거북이 등껍질은 사실 거북이 피부야"라고 했다. 그제야 알게 되었다. 나의 등껍질은 내가 짊어지고 가야 하는 짐이 아닌 그냥 삶의 일환이라는 것을, 누군가에게는 무거워 보일 수 있는 그 등껍질이 사실 거북이에게는 그 자신이라는 것을.

앞으로 내 등껍질은 더욱 두꺼워 질 수도 얇아질 수도 있다. 그럼에도 그 모든 삶을 즐겨 보고 싶다. 그리고 내가 받은 사랑처럼 누군가에게 사랑 을 주는 삶을 살 것이라 다짐한다. 나

의 새로운 이름처럼 누군가의 진짜 우군이 되는 삶을 살 것이라 다짐 한다.

★   진우 : 세움 청년자문단 4기. 문화예술경영학을 전공하고 있다. 공연 기획 사업에 비전을 가지고 있다.

그날은

비가

내렸다.

축축한 흙 내음, 나무 수액의 진한 향기가 전반에 감돌고 아스라이 뿌연 안개가 자욱하게 하늘을 뒤덮던 그날, 엄마를 잃었다. 추적추적 비가 내리고, 강렬하게 번쩍이는 경광등이 아래위로 흔들리는 사이 그 빛은 내 눈을 사로잡았다.

그때였다. 엄마는 떨리는 목소리로 내 손을 꼭 잡고 말했다.

"정말 미안해…. 사랑해, 우리 아가. 금방 돌아올게."

그 순간 엄마의 눈에서 솟구치듯 흐르던 눈물의 의미를 알지 못한 채, 남색 옷차림의 사람들이 엄마를 데리고 가 버렸다. 엄마 손에 잡혀 있던 내 오른손의 온기를 차갑게 내리는 빗물이 서서히 빼앗아 갔다.

엄마는 항상 나를 "아가"라고 불렀다. 그날도 그렇게 불렀다. 그 순간만큼은 아주 느리게 시간이 흘렀다. 직접적인 사랑의 표현은 아니었지만, 그 부름 하나로 엄마의 마음이 온전히 닿는 것을 느낄 수 있었다. 따뜻한 음성으로 천천히 아가라고 부를 때마다 나는 사랑 가득한 아이가 되었다. 하지만 그날만큼은 엄마의 눈물을 기억하는 아이가 되어 있었다.

엄마가 사라진 그 자리에서 경찰의 손에 붙들린 나와 언니는 바삐 발걸음을 옮겼다. 어느새 익숙한 아파트에 도착하고, 현관문이 열리자 이모와 이모부가 보였다. 친숙한 두 분에게 반가움을 느끼는 것도 잠시, 당혹스러운 이모와 이모부의 표정이 읽혀졌다. 서로 무언으로 주고받는 곤란한 시선이 그대로 우리 자매에게 느껴졌다.

이모는 평소 걱정이 있을 때 눈썹을 잔뜩 올리는 버릇이 있는데, 그날은 유난히 더 높이 올라간 눈썹이 눈에 띄었다. 엄마 없이 갈 곳 없는 우리를 맡기기 위해 경찰이 이모의 집을 수소문해서 데리고 온 모양이었다.

엄마는 항상 나를 "아가"라고 불렀다. 그날도 그렇게 불렀다.
그 순간만큼은 아주 느리게 시간이 흘렀다.
직접적인 사랑의 표현은 아니었지만, 그 부름 하나로
엄마의 마음이 온전히 닿는 것을 느낄 수 있었다.

이모는 장난기 가득한 평소의 모습이 아니었다. 그저 단호한 얼굴로 거절의 응답만 건넬 뿐이었다. 경찰은 난감한 듯 탄식하며, 그나마 우리를 받아 줄 수 있는 곳이 어디냐고 물었다. 그 순간 내 머릿속에 떠오른 얼굴은 친할머니뿐이었다. 할머니 댁에 도착했을 때, 할머니는 다리를 절뚝거리며 현관문을 열었다. 주름 가득한 손으로 언니와 나를 마냥 쓰다듬었다.

"추운데 여기까지 오느라 얼마나 고생했을까. 친척이라는 것들이 어쩜 그리 매정해. 할머니랑 살자."

부모님을 잃은 후 처음으로 듣는 위로였다. 이상할 만큼 낯선 일이 많았던 그날부터 내 삶은 예측 불가능의 궤도에 올랐다.

타국

타국, 자기 나라가 아닌 남의 나라. 내 사람들이 존재하지 않는 곳. 모든 것이 낯설게만 느껴지는 곳이었다. 얼굴만 오며 가며 보던 할머니는 갑작스레 엄마가 하던 역할을 떠맡게 됐고, 우리 가족의 체취가 가득하던 넓은 집은 한순간에 사라졌다. 그 모든 것이 뒤바뀐 환경은 마치 TV에서 본, 생전 경험해 보지 못한 지구 반대편의 아프리카와 다를 게 없다고 느껴졌다.

"얘가 불안 증세가 안 사라져서 병원 한번 가 보려고…."

할머니는 어느 날 나를 한의원에 데려갔다. 의사는 갑작스러운 환경 변화로 인해 불안이 심해진 것 같다고 진단했다. 할머니 집에 맡겨진 이후, 엄마와 아빠를 찾으러 오는 수많은 사람들의 방문은 마치 나를 사자 굴에 던져 놓은 듯했다. 아무도 오지 않았음에도 문을 두드리는 듯한 소리가 들리면 가슴이 마구 뛰었다. 평소 불안을 달래기 위해 애니메이션을 보곤 했지만, 할머니 집에는 TV가 없었다. 결국 나는 손을 빠는 행동으로 겨우 안정감을 찾았다.

수감 이전에도 엄마가 늦게 들어오는 날이면 분리 불안으로 인해 전화를 50통 넘게 걸었던 나였다. 엄마가 사라진 이후엔 그 불안감이 멈출 수 없는 분화구처럼 터져 나왔다. 할머니에게 엄마는 언제 오냐고 매일 물었지만, 돌아오는 대답은 언제나 같았다.

"이 밥 다 먹으면."

그때마다 나는 열심히 밥을 먹었지만, 다음 날도, 그다음 날도 할머니는 같은 말만 반복했다. 할머니가 날 속였다는 사실이 원망스러웠지만 할 수 있는 건 아무것도 없었다. 그저 계속 기다리는 수밖에.

이따금 창문을 하염없이 바라봤다. 엄마와 비슷한 사람이 지나갈 때면 집 밖으로 뛰어나가 앞을 서성거렸다. 기다림은 하루가 되고, 한

달이 되고, 몇 개월이 지나면서 내 일부가 되었다.

"할머니, 여긴 온종일 비가 왔잖아. 엄마도 비가 오는 게 보일까? 집을 못 찾아서 비 맞고 있으면 어떡해?"

그날 할머니의 주름은 유독 더 깊어 보였다. 아무 말 없이 나를 꼭 안아 쓰다듬던 손길은 온기로 가득했다. 그 따뜻함이 너무도 강하게 느껴져서 아무 말도 할 수 없었다.

드디어 고대하던 날이 왔다. 엄마를 처음 보러 가는 날이었다. 할머니와 언니는 어두운 표정이었지만, 나는 아무것도 모른 채 마냥 들떠 있었다. 엄마를 만난다는 사실만으로도 가슴이 벅차 가장 좋아하는 머리핀을 꽂았다. 차에 타기 전, 창문을 보며 가르마를 바꿔 봤다. 얼굴이 너무 통통해 보인다고 생각하며 전날 과일을 많이 먹은 나 자신에게 "조금만 먹지"라고 혼잣말을 하기도 했다.

푸르른 논과 밭, 맑은 하늘, 커다란 노란색 마트, 높은 아파트… 차창 밖의 풍경이 빠르게 바뀌었다. 그 모습이 신기하고 좋았다. 차멀미로 잠시 눈을 붙였을까. 언니의 "도착했어"라는 말에 눈을 떴다. 그리고 창밖의 풍경이 완전히 달라졌음을 깨달았다.

삭막한 회색 건물, 손을 대면 차가운 시멘트 벽, 간판에는 '교도소'라는 글자가 적혀 있었다. 여기에 엄마가 있다는 사실이 도무지 믿기지 않았다.

우리를 안내해 주는 사람을 비롯해, 우리와 비슷한 상황인 듯한 사람들 모두 무표정한 얼굴로 단조로운 목소리를 내고 있었다. 나는 할머니와 언니가 무언가를 적는 모습을 멍하니 바라보다가, 심심한 나머지 신발의 찍찍이를 떼었다 붙였다 하고 있었다.

"이 신발, 이모가 사 준 건데….”

문득 이모가 떠올랐다. 잠시 슬퍼졌다. 할머니의 손짓에 방으로 들어갔다. 엄마는 우리를 보자마자 눈물을 흘리며 활짝 웃어 보였다. 짧디짧은 면회 시간 10분. 그중 4분 가까이 우리 모두 하염없이 울었다.

"딸들을 만났는데 주책없이 눈물만 나오네. 아가들, 잘 지냈어? 보고 싶었어.”

엄마의 얼굴은 야위어 있었고, 숫자가 쓰여 있는 민트색 옷을 입고 있었다. 애써 괜찮은 척, 엄마는 미소를 머금었다. 툴툴 돌아가는 선풍기 소리를 피해, 철창 가까이 얼굴을 대고 우리의 목소리를 들으려 애썼다. 나는 철창과 엄마를 번갈아 바라보며 어떤 표정을 지어야 할지 고민했다. 웃으면 엄마 없이도 괜찮다는 걸로 보일까 봐, 너무 울면 엄마가 속상할까 봐.

10분이 지나고, 우리는 엄마를 뒤로한 채 손을 흔들며 그곳을 떠났다. 집으로 돌아가는 차 안의 공기가 짓눌렀다. 나는 직감적으로 알았다. 이 상황은 아무리 떼를 써도 바뀌지 않는다는 것을. 그리고 하염없이 눈물을 흘렸다.

괴로움에도 정도가 있다는 걸 그때 처음 알았다. 엄마뿐 아니라 아빠까지 비슷한 시기에 수감된 것은 마지막 희망의 실낱조차 끊어 버렸다. 아빠는 엄마와 멀리 떨어진 곳에 수감되었고, 두 사람을 만나기 위해 반나절을 소모해야 했다. 얼굴 한번 보러 가는 일조차 쉽지 않았다.

나는 익사 중인데 너는 그 위를 헤엄치고 있어

가질 수 없는 것을 갈망하는 것만큼이나 괴로운 일은 없다. 그게 남들 다 가지고 있는 것이라면 더더욱. 항상 부러웠다. 부모님으로부터 넘치는 사랑과 적극적인 지지를 받는 친구들이. 그리고 그들과 늘 비교 대상이 되는 내가 싫었다. 친구들이 말하는 고민은 매번 행복한 축에 속했다. 부모님과 내기를 해서 성적을 올려야 갖고 싶은 물건을 살 수 있다는 귀여운 고민, 친구네 집에서 자고 싶은데 부모님이 걱정 때문에 허락하지 않는다는 따뜻한 고민 등.

그럴 때면 마치 물에 잠기는 듯했다. 숨이 턱 막혔고, 절대 끝나지 않을 불행이 그림자처럼 따라붙을 것만 같았다. 내가 가질 수 없는 평

227

범한 행복이 그들에게는 고민거리가 된다는 사실이 절망스러웠다. 우리는 동일 선상에 놓여 있었지만, 화목한 가정을 가졌다는 사실 하나만으로 친구들은 이미 나보다 훨씬 앞서가고 있었다.

학교에서는 모두 같은 초등학생이었지만 친구네 집에 놀러 갈 때면 극심한 괴리감이 느껴졌다. 예쁜 꽃병에 꽂힌 라일락, 깔끔하게 정돈된 현관, 한 번도 찍어 본 적 없는 화목한 가족사진이 걸린 거실, 그리고 사랑 가득한 어릴 적 사진으로 꾸며진 친구의 방까지 모든 것이 낯설고 멀게만 느껴졌다.

우리 집은 달랐다. 버려진 가구들을 주워 와 대충 배치한 15평 남짓한 공간에 친척들에게 물려받은 옷들이 쌓여 있었다. 평범한 아이처럼 살고 싶다는 마음은 속절없이 무너져 갔다. 남들의 시선을 의식하기 시작한 어린 나는, 단 한 문장 때문에 할머니와 함께 산다는 사실이 부끄러워졌다.

"이게 무슨 냄새야? 할머니랑 살아서 그런가?"

교사의 독한 향수가 나를 감쌌다. 명품이어도 쓰기 싫을 만큼 코를 찌르는 향기였다. 얼굴이 순식간에 달아오르고 손은 축축해졌다. 친구들이 어떤 표정을 지을까 두려워 주변을 둘러볼 수도 없었다. 고요한 교실에서 구두 소리만 또각또각 울렸고, 나는 혼자 얼굴이 사과처럼 새빨개졌다. 차라리 물이라도 얼굴에 끼얹으면 나았을까 싶었다. 울면 모든 걸 들켜 버릴 것 같아 무릎 위에서 주먹을 꼭 쥐었다. 내려다보니 해져서 구멍 난 바지와 물려 신은 지저분한 신발이 보였다. 더 초라해졌다.

그날 이후 체육대회나 학교행사에 할머니가 나를 찾아오는 모습을 친구들에게 들키고 싶지 않아 피하기 일쑤였다. 가끔 동네 마트에서 할머니와 장을 보다가 부모님과 함께 있는 친구들을 마주치면, 황급히 못 본 척하고 마트 밖으로 도망가기도 했다. 할머니에게 죄책감이 들었지만, 차마 견딜 수 없었다. '부모 없이 할머니랑 사는 불쌍한 아이'라는 타이틀만큼은 죽어도 얻고 싶지 않았다.

새 학기가 시작될 때마다 학교에서는 부모님의 직업과 기본 정보를 묻는 면담을 진행했다. 그 시간은 마치 결함투성이인 나를 소개하는 자리 같았다. 그래도 내 머릿속에는 평범한 아이로 보이기 위한 근사한 매뉴얼이 있었다. '부모님은 매번 미국 출장을 다닐 만큼 바쁘고, 나는 그런 사람들의 딸이다.'

장맛비가 거세게 내리던 중학교 2학년 여름, 방학이 시작되었고 집으로 가져가야 할 짐이 양손에 가득했지만 데리러 올 사람은 없었다. 비를 맞으며 터덜터덜 걷던 내 눈에, 부모님의 차를 타기 위해 기다리는 친구들의 모습이 들어왔다. 기초생활수급자 학생들에게 지원되는 우유 신청서를 제출하기 위해 담임 선생님을 찾아가던 길, 혹시 친구들에게 들킬까 두려워 손에 든 종이를 꼭 움켜쥐었다. 구겨진 종이가 마치 내 마음 같았다.

나름 컸으니 괜찮을 줄 알았다. 하지만 아직도, 여전히, 엄마가 필요했다. "엄마, 지금 어디야?" 여전히 소원인 말이었다. 친구들이 부모님과 함께하는 일상이, 아무렇지 않게 부모님에게 기대는 어리광이, 나에게는 그저 그림의 떡이었다.

좌절이 반복되는 상황이 싫었고, 그 속에서 무력한 나 자신도 싫었다. 그럼에도 포기하면 모든 것이 무너질 것 같은 불안감에 나 자신을 사랑해 보려 했다. 유명하다는 치유 에세이를 읽고, 힘든 상황을 견뎌낸 위인들의 명언을 책상에 붙여 보기도 했다.

기관에서 나온 선생님들은 늘 말했다. "환경이 전부가 아니야. 너 스스로도 충분히 귀한 존재야. 위축되지 말고, 어깨를 펴고, 목소리를 크게 내 봐." 그 명석하고 아름다운 결론의 어딘가가 나를 더욱 불편하게 했다. 머릿속에 회의적인 질문이 떠올랐다. 당신이 나라면?

역지사지. 인간에게 가장 어려워하는 능력 아닌가? 나의 처지를 경험해 보지 않은 그들의 말을 선뜻 받아들일 수 없었다. 나 스스로 존재

230

해도 되는 이유를 찾아야 했다.

그러나 그 이유는 엉뚱한 곳으로 흘러갔다. '할머니랑 사는 걸 숨기고, 부모가 수감된 걸 숨기고, 공부 잘하고, 인기 많고, 학교생활 잘하는 아이로 살면 모든 게 해결되지 않을까? 언젠가 엄마, 아빠가 출소하는 날이 오면 난 완전해질 거야.' 스스로 '넌 힘들지 않아'라고 세뇌하기 시작했다.

힘든 마음을 애써 외면하면 뭐든 견딜 수 있을 것 같았다. 하지만 완전해야 한다는 강박은 오히려 나를 옭아맸다. 나보다 뛰어난 친구들에게 극심한 압박감과 열등감을 느꼈다.

'난 성공하지 않으면 존재할 수 없어.'

그래도 숨 쉴 틈 하나는 있었다. 유일하게 의지할 수 있는 어른, 마치 아빠가 옆에 있었다면 이런 느낌일까 싶은 사람. 바로 큰아빠였다. 학교행사 때 시간을 내서 꼭 참석해 주었고, 곤란한 일이 생기면 해결해 주는 큰아빠는 내게 영웅 같았다.

하지만 친척이기 이전에 나는 수용자의 딸이었다. 큰아빠를 의지하던 내게 큰엄마의 한마디는 가슴에 못을 박았다.

"삼촌은 네 아빠가 아니야."

그 말을 듣고 더 이상 큰아빠를 의지할 수 없었다. 어른에게 기대는 것조차 허락되지 않는다는 사실이 깊은 회의감에 빠뜨렸다.

그러다가 복역 중인 엄마의 연락으로 세움과 인연이 닿았다. 처음에는 그 단체가 달갑지 않았다. 부모가 수용자라는 이유로 도움을 받는다는 사실이 나를 틀 속에 가둬 두는 것만 같았다. 하지만 몇 번의 만남 후, 서서히 마음이 열리기 시작했다. 나와 같은 고민을 나누는 친구들, 함께 기뻐해 주고 슬퍼해 주는 선생님들. 그곳에서 처음으로 조금은 가벼운 마음으로 숨을 내쉴 수 있었다.

엉터리 가장

고등학교 3학년 때, 아빠가 출소했다. 부모님이 출소하기만 하면 이 고통이 끝날 거라고 기대했던 나는 아빠의 출소가 반가웠다. 내가 본 친구들의 아버지는 모두 장난기 많고, 비 오는 날 커다란 우산 같은 존재였다. 존재만으로도 든든한 느낌을 주는 사람이었다. 내심 우리 아빠가 그렇게 될 거라 기대했다. 면회나 스마트 접견을 할 때만 해도 조금 서툴긴 했지만 아빠는 가정을 우선시하는 사람처럼 보였다. 그래서 아빠의 출소 후 삶이 걱정되지 않았다.

하지만 아빠는 기대했던 모습과는 너무 달랐다. 마치 전혀 다른 사람 같았다. 이미 20년 전의 일인데도 여전히 사법 고시를 준비하던 시절의 영광에서 벗어나지 못했다. 가정보다 자신의 감정을 우선시했고, 나이가 들었음에도 몸을 쓰는 일보다 공부에 집착했다. 대화할 때마다 수감 생활에 대한 하소연을 반복했다.

이제라도 평범한 가정을 경험하고 싶었다. 10년 넘게 떨어져 있었으니 특별한 사랑을 나눈 적은 없었지만, 그래도 아빠가 필요하다면 돕고 싶었다. 그래서 아빠가 일을 찾아 생산적인 활동을 하도록 도왔지만 끝까지 일하기를 거부했다. 도리어 언니에게 딸로서의 역할을 강요하며 돈을 요구했다.

어느 날 언니의 돈으로 월세방을 얻은 아빠는 그곳에 고물들을 쌓아 놓기 시작했다. 우리는 완강하게 말렸지만, 듣지 않았다.

"이걸 하나하나 팔아서 돈을 벌겠다."

그게 팔릴 리 없었다. 현실감각이 없었다. 오히려 매달 나가는 월세만 늘어났다. 나는 더 이상 아무것도 바라지 않았다. 다만 아빠가 우리에게 부담을 주지 않기만을 바랐다. 그러나 아빠는 마치 혼자만의 세상에 갇힌 듯했다. 말다툼이 잦아졌고, 그럴 때마다 아빠는 같은 말을 반복했다.

"가장인 아빠를 존중하지 않는 너희에게 서운하다."

예전에 피운 수많은 담배 때문에 아빠는 치아가 거의 다 빠진 상태였다. 언니는 그런 아빠의 치아 치료비를 댔다. 담배는 아빠와 우리 사이의 신뢰의 문제였다. 아빠는 치료비를 대 주는 조건으로 더 이상 담배를 피지 않겠다고 약속했다. 분명 치아 치료비는 언니에게도 큰 부담이었다. 게다가 담배를 계속 피우면 치료에도 악영향을 줄 것이 뻔했다. 그런데도 아빠는 다시 담배를 피우기 시작했다.

"스트레스를 풀 곳이 없었다."

아빠는 변명했다. 이른 나이에 취직해야 했던 언니의 상처는 더 깊어졌다. 아빠의 반복되는 잘못된 행동 속에서, 우리의 신뢰는 완전히 바닥을 쳤다.

이런 현실 속에서 점점 내 존재의 이유를 상실해 갔다. 허리 디스크까지 얻어 가며 죽기 살기로 공부해 나름 인정받는 대학에 들어갔지만, 그곳에서도 끝없는 경쟁이 이어질 뿐이었다. 화목한 가정에서 자란 친구들과의 격차는 점점 더 벌어졌고, 사회 속 내 위치는 초라하게만 느껴졌다. 그리고 아빠와의 미래도 사라지자 나를 지탱해 주던 마지막 끈마저 끊어진 기분이었다.

절망 속에 갇혔다. 아빠가 미웠다. 나도 친구들처럼, 이제는 정상적인 가족으로 살아 볼 기회가 주어졌다고 생각했다. 아빠와 캠핑을 가는 상상을 했고, 그다음에는 엄마가 출소한 후 가족 여행을 가는 모습을 머릿속에 그려 봤다. 그러나 아빠와 몇 번 대화를 나눈 뒤 깨달았다. 내가 너무 많은 것을 바랐다는 걸. 우리는 밖에서 엄마 아빠를 기다리며 수많은 시련을 이겨 냈지만 그 어떤 것도 아빠는 공감하지 않았다.

작아진 엄마

아빠의 출소 후 하루 동안 수용자와 가족들이 함께 밥을 먹고 잠을 자는 프로그램을 신청해 엄마를 보러 갔다. 유리창을 사이에 두지 않고 직접 두 발로 서서 만난 엄마는 예상보다 작았고, 수감 중 걸린 유방암 치료의 후유증 때문인지 얼굴이 부어 있었다. 나보다 작은 엄마를 보니 마음 한구석이 저릿했다. 내 키가 엄마를 넘어선 것이 우리가 함께하지 못한 시간들을 증명하는 것만 같았다.

장을 보고 엄마와 함께 요리하며 먹은 점심은 환상적이었다. 처음 해 보는 경험이었다. 엄마는 나와 언니가 어렸을 때 좋아했던 음식이라며 감자전과 부추전을 해 주었다. 꽤 오래전에 해 준 음식일 텐데, 10여 년이 지나도 레시피를 또렷이 기억하는 엄마를 보니 이상한 기분이 들었다. 엄마는 나가면 어떤 음식이든 마음껏 해 주겠다며 활짝 웃었다.

저녁을 먹고 TV를 보는데, 내가 좋아하던 드라마가 방영되고 있었다. 엄마와 함께 드라마 이야기를 나누는 내 모습이 믿기지 않았다. 친구들이 엄마와 TV를 보며 이야기하는 장면을 수도 없이 부러워했던 나는 마치 꿈을 꾸는 것처럼 달콤했다. 드라마 속 배우의 연기와 줄거리를 엄마에게 열심히 설명하는 이 순간이 왠지 모르게 오랫동안 기억될 것 같았다.

이모들은 말했다. 아빠를 사랑해서 모든 걸 덮어쓰고 감옥까지 함께 간 엄마가 참 미련하다고. 복역 중 유방암과 싸웠던 엄마가 아직 출소 전인데도 아빠의 밥을 챙기려는 모습을 보니 마음이 좋지 않았다. 그날 밤 잠자리에서 엄마에게 물었다.

"아빠랑 왜 결혼했어?"

엄마가 웃으며 대답했다.

"글쎄… 과거의 엄마한테 물어보고 싶네."

집에 돌아와서도 엄마의 말을 곱씹었다. 그 말은 웃음으로 포장되어 있었지만, 그 뒤에 감춰진 무언가가 느껴졌다. 엄마는 정말 그 질문에 대한 답을 모르는 걸까, 아니면 알면서도 말하고 싶지 않은 걸까?

나는 방에 누워 천장을 바라보며 이런저런 생각을 했다. 엄마와 아빠의 결혼이 어떤 모습으로 시작되었을지 상상해 보았다. 처음엔 그들도 다른 커플들처럼 웃고 사랑을 속삭이며 미래를 꿈꿨을까. 고된 치료를 견뎌 낸 엄마가 여전히 아빠를 위해 밥을 준비하는 모습이 머릿속에서 떠나지 않았다. 그건 단순한 책임감일까, 아니면 진짜 사랑일까? 아니면 내가 이해하지 못하는 무언가가 있는 걸까?

엄마와 아빠의 이야기를 더 알고 싶다는 생각이 들었다. 만남, 결혼, 그리고 그 과정에서 엄마가 어떤 마음으로 살아왔는지. 엄마의 대답은 짧았고, 너무 많은 걸 숨기고 있었다. 또 한편으로는 두려웠다. 만약 알게 된다면 엄마를 이해하는 방식이 바뀌게 될까? 엄마를, 그리고 어쩌면 아빠를 바라보는 시선이 달라지게 될까?

이런 생각들이 꼬리를 물고 이어지는 사이, 어느새 새벽이 되었다. 몸을 돌려 눈을 감으려 했지만 머릿속엔 여전히 엄마의 웃음이 맴돌았다. 그 웃음 뒤에 숨겨진 진실이 무엇이든, 시간이 지나면 나는 엄마를 조금 더 이해할 수 있을까.

빛나는 날을, 시들지 않는 사랑을

그로부터 얼마 뒤, 복잡한 생각들이 얽혀 머리가 무거워질 때면 종종 찾는 종로의 카페를 방문했다. 책을 읽으며 노래를 듣는데 문득 귀에 들리는 가사가 마음을 쿡 찔렀다.

"빛나는 날을 허락해 주세요. 시들지 않는 사랑을 주세요."

내가 좋아하는 유다빈 밴드의 〈LETTER〉 가사였다. 매일같이 듣던 노래였지만, 그날따라 가사 한 줄이 강렬하게 마음을 흔들었다.

"빛나는 날을 허락해 주세요."

엄마도 빛나는 날을 꿈꿨던 적이 있었을까? 지금의 엄마는 그 빛을 잃어버린 채 살아가고 있는 걸까? 아니면 스스로의 방식으로 지켜 내고 있는 걸까?

문득 엄마가 젊었을 때의 모습을 상상해 봤다. 지금과는 달리 환히 웃으며 자유로웠던 모습. 아마 엄마도 사랑이라는 이름으로 가슴이 벅찼던 날들이 있었을 것이다. 하지만 그 사랑이 이렇게까지 자신을 희생하게 만들 줄 그때의 엄마는 알았을까?

가사를 곱씹으며 카페 창문 밖을 바라보았다. 거리를 지나는 사람들, 웃으며 이야기를 나누는 커플들, 혼자 걸어가는 사람들까지 모두 각자의 이야기를 품고 있다는 생각이 들었다. 엄마도 그중 한 사람이었을 것이다. 자신의 이야기를 품고, 그 속에서 의미를 찾으며 살아가는 사람.

"시들지 않는 사랑을 주세요."

이 가사는 또 다른 질문을 던졌다. 아빠를 향한 엄마의 사랑은 정말

작고 단단해 보이는 선인장.
물을 많이 주지 않아도, 척박한 환경에서도 살아남을 수 있는
그 모습이 묘하게 엄마를 닮았다는 생각이 들었다.

시들지 않은 걸까? 아니면 이미 시들었지만 그 자리에 다른 무언가를 심어 둔 걸까? 책임감, 미련, 아니면 단순한 습관 같은 것들.

이어폰을 빼고 책을 덮었다. 책도, 음악도 내 마음을 채워 줄 수 없을 것 같았다. 카페를 나와 종로 거리를 걸으며 생각했다. 엄마의 이야기를 다 알게 된다면, 그 사랑의 무게를 이해할 수 있을까? 아니면 여전히 받아들이지 못하고 의문만 더 커질까?

길을 걷다 우연히 작은 꽃집이 눈에 들어왔다. 가게 앞에는 소박한 화분들이 줄지어 놓여 있었고, 그중 하나가 눈에 띄었다. 작고 단단해 보이는 선인장. 물을 많이 주지 않아도, 척박한 환경에서도 살아남을 수 있는 그 모습이 묘하게 엄마를 닮았다는 생각이 들었다.

나는 선인장을 집어 들었다. 집에 돌아와 선인장을 식탁 한가운데 놓았다. 엄마에게 이걸 보여 주면 무슨 말을 할까? 문득 궁금해졌다. 선인장을 바라보며 다시 가사를 떠올렸다.

"빛나는 날을 허락해 주세요."

아마 엄마도, 나도, 그리고 우리 모두 그런 날들을 바라고 있는지도 모른다. 그 빛이 크든 작든, 잠깐이든 영원하든.

★ 정서 : 세움 청년자문단 4기. 서울에서 국제 관련 학문을 전공하며, 이번 글쓰기를 통해 스스로를 치유하고 있다. 더 나은 세상을 위해 기여하고 싶다는 꿈을 가지고 있다.

청년 당사자자문단의
진심, 그 열매

세움의 아이들 곁에서 함께한 시간이 올해로 만 9년이 된다. 돌아보면 포기하고 싶을 만큼 힘들었던 순간이 없었던 건 아니지만 그 인내의 시간이 내게 준 가장 큰 선물이 있다. 절벽 앞에 놓여 있던 우리 아이들이 그 거친 환경을 이겨 내고 건강하게 성장해 열매 맺는 모습을 가장 가까운 곳에서 내 눈으로 직접 볼 수 있었다는 것이다. 이 책을 공동 집필한 세움의 청년 당사자자문단 4기 열 명 또한 그 열매들이다.

당사자자문단은 부모의 수감과 부재로 위기 환경에 노출된 미성년 수용자 자녀들이 세움과 함께 다시 일어서고 그 위기를 극복하며 건강하게 성장한 20대 청년 당사자들의 모임이다. 2021년부터 시작된 청년 당사자자문단은 수용자 자녀의 인권 옹호와 인식 개선 활동의 주체로 공동 프로젝트를 함께 진행하며 당사자의 목소리를 내는 세움의 서포터즈이다.

이 책은 2024년 활동한 당사자자문단 4기의 공동 프로젝트 결과물이다. 당사자자문단 1기의 『어둠 속에서 살아남다』 책에 이은 두 번째 수용자 자녀의 이야기이다. 이미 1기의 글쓰기 과정을 지켜보았던 나는 4기의 글쓰기 공동 프로젝트가 결코 쉬운 여정이 아님을 알고 있었다. 이들의 프로젝트는 단순히 글쓰기 실력과 재능이 있고 없고의 문제를 넘어서야 하기 때문이다.

수용자 자녀. 이 열 명의 청년 작가들의 공통분모이다. 자신의 잘못이 전혀 없음에도 불구하고 '부모의 잘못 = 나의 잘못'처럼 여겨지는 우리 사회 내 존재하는 부당한 시선과 편견 때문에 이들은 아무에게도 말하고 싶지 않고 들키고 싶지 않은 비밀을 오랜 시간 가슴속 깊이 홀로 묻어 둔 채로 살아왔다. 자신의 치부처럼 여겨졌던 그 과거와 현재를 반드시 직면해야만, 오랜 시간 묻어 두었던 가슴속 비밀 상자를 다시 끄집어내는 과정을 거쳐야만 이들의 프로젝트는 비로소 진행될 수 있었다.

누군가는 이미 그 직면의 과정을 지나오기도 했고, 누군가는 여전히 직면하는 과정 자체가 불편하고 고통스럽기도 했다. 누군가는 이미 다 넘어섰고 자신의 현재 삶에 만족하기에 그 과정이 불필요하다고 생각했다. 누군가는 '그 사건' 이후 그저 생존하기 위해 앞만 보고 달려오느라 정작 자신이 괜찮지 않다는 사실조차 몰랐고, 글쓰기 과정을 통해 프로젝트가 끝나 갈 쯤에야 비로소 자신이 그 사건 자체를 회피하고 있었음을 인정하기도 했다.

열 명의 청년 작가들은 수용자 자녀라는 공통분모가 있지만, 저마다의 경험과 그 상황을 지나온 과정은 다르다. 그러함에도 한 해 동안 서로에게 안전한 울타리가 되어 주었고 서로를 존중하며 격려하고 서로의 이야기에 진심으로 귀 기울여 주었다. 그 과정이 있었기에 이들의 글이 완성될 수 있었다.

무더운 여름 2박 3일 글쓰기 워크숍을 떠났던 시간이 생각난다. 워크숍 내내 이들은 밤을 지새우며 진지하게 서로의 글을 읽고 피드백을 주며 초안을 완성했다. 그 과정은 단순히 글을 읽는 것이 아니었다. 이제껏 아무에게도 말하지 못했던 서로의 삶을 공유하고 서로가 겪어 온

삶으로 함께 들어가는 과정이었다.

지독할 만큼 쉽지 않은 과정이었지만 누구 하나 불평하지 않았고 진지했다. 그 과정이 얼마나 힘겨웠으면 늦은 밤 갑자기 호흡이 어려워 바닥에 주저앉기도 했다. 그 와중에 멤버들에게 자신은 괜찮다고 안심시키며. 누군가는 속이 아파 병원을 다녀와야 했다.

이 프로젝트의 슈퍼바이저인 나는 그들의 고통과 힘겨운 과정을 지켜보며 티를 내지 못했지만 온 맘으로 몸으로 함께 아픔을 느끼기도 했다. 이 프로젝트를 끝까지 끌고 가야 했기에 마지막까지 그들이 최선을 다해 완성도 있는 글을 쓸 수 있도록 요청했지만, 초안을 읽으면서 그것으로도 충분하다고 생각했고 남몰래 눈물을 쏟았다.

어린 시절 그들의 삶이 얼마나 처절했고, 그들이 어떻게 그 어두운 터널을 지나왔는지 가장 가까운 곳에서 지켜보았기에 용기를 내어 그들이 삶을 나눠 준 것만으로 충분했다. 지금도 자신들이 걸어온 그 길을 남몰래 걸어가고 있을 어린 후배들을 위해 용기를 내었고, 아직도 사회적 편견과 시선으로 수용자 자녀를 바라보고 있는 세상을 향해 책임감으로 그들의 목소리를 내어 준 것이다.

이 책이 세상에 나올 수 있도록 끝까지 최선을 다해 용기 내어 준 열 명의 청년 작가들에게 진심으로 감사하다고 존경의 마음을 담아 전한다.

(사)아동복지실천회 세움

사무국장 최윤주

(사)아동복지실천회 세움은 '보이지 않는 제2의 피해자'로 살아가는 수용자 자녀들이 당당하게 살아가는 세상을 만들기 위해 2015년에 설립된 아동복지 전문기관입니다. 부모의 범죄와 상관없이 가장 작기에 가장 절실한 0.5% 수용자 자녀들이 그들만이 가지고 있는 고유함으로 살아가고 안전한 보호 속에 건강하게 성장하도록 지원하고 있습니다. 또한 복지 사각지대의 아동이 세상의 차별과 편견을 넘어서도록 아동권리를 중심으로 인권 옹호, 인식 개선 활동을 통해 사회 변화를 이끌어 가고 있습니다.

- 홈페이지　iseum. or. kr
- 유튜브　　세움TV
- 인스타　　iseum_official
- 이메일　　seum@iseum. or. kr
- 전화번호　02-6929-0936